지중해의 영감

INSPIRATIONS MÉDITERRANÉENNES
by JEAN GRENIER

Copyright © Éditions Gallimard (Paris), 1940
Korean Translation Copyright © Ireunbi Publishing Co., 2018
All rights reserved.

This Korean edition was published by arrangement with
Éditions Gallimard (Paris)
through Bestun Korea Agency Co., Seoul.

이 책의 한국어판 저작권은 베스툰 코리아 에이전시를 통해
갈리마르 출판사와 독점계약한 (도서출판) 이른비에 있습니다.
저작권법에 따라 한국 내에서 보호를 받는 저작물이므로
무단 전재와 무단 복제를 금합니다.

INSPIRATIONS MÉDITERRANÉENNES

지중해의 영감

장 그르니에 지음
김화영 옮김

이론비

옮긴이의 말

침묵과 망설임의 형이상학

모든 것의 시작은 카뮈였다. 평범한 독자에 불과했던 내가 카뮈를 '연구'의 대상으로 읽기 시작한 것은 1969년 말 프랑스에서였다. 그 과정에서 신비스러운 놀라움과 함께 '발견'한 저자가 카뮈의 스승 장 그르니에Jean Grenier, 1898~1971였다. 내가 소장한 『섬』Les Iles, 갈리마르, 1959의 속표지에는 책의 구입 일자와 장소가 "1971년 9월 21일, Aix(엑스)"로 기록되어 있다.

마침내 내가 『섬』의 번역을 통해서 장 그르니에를 우리 독자들에게 처음 소개한 것은 1980년 12월이었다. 독자들의 반응은 뜨거웠다. 당시에 알려진 몇 군데 출판사들이 다 "우리나라에 전혀 알려지지 않은" 이 책의 번역원고를 "자신 없다"며 거절했던 우여곡절을 생각하면 의외의 호응이었다. 그로부터 반세기 가까운 세월이 지난 오늘, 장 그르니에는 우리 독자들에게 새삼스레 소개할 필요가 없는 작가가 되었다.

나는 2012년에 카뮈 전집의 부록 편처럼 『카뮈-그르니에 서한집』을 번역 소개했다. 그 후 6년 만에 또 한 권의 그르니에 작품 『지중해의 영감』을 번역하게 되었다. 판권을 확보한 출판사 쪽의 요청으로 시작된 번역이지만 오래 전부터 마음에 두고 있었던 책이다. 나의 각별한 관심은 그 제목 속에 빛을 발하는 '지중해'와 무관하지 않다. 그러나 저자가 북아프리카, 이탈리아, 프로방스, 그리스, 스페인 등 지중해 연안의 여러 지역, 나라, 도시들과 그 내면화된 인상을 언급하고 있지만 이 책은 '관광' 안내와는 아무런 관련이 없다.

이 책은 빛과 어둠, 흰색과 검은색, 북쪽과 남쪽, 삶과 죽음, 신과 인간, 절대와 일상, 행동과 명상, 확신과 의혹……, 이처럼 다양한 면에서 대립적인 두 세계 사이에서 어느 쪽도 선택하지 못한 채 찢기고 흔들리는 어떤 정신의 망설임과 모험을 암시적인 문체로 형상화한 산문집이다. "펄과 진흙의 광대한 공간을 남겨둔 채 아주 멀리까지 뒤로 물러나는", 항상 출렁거리고 흐린 브르타뉴(대서양)의 바닷가에서 청소년기를 보낸 저자가 고향을 떠나 문득 마주한 것은 "수평선이 너무나 뚜렷한" 빛의 지중해였다. 저자가 서문에서 "절대의 숭배로부터 그리고 행동의 숭배로부터 등거리에 위치할 수 있는 어떤 형이상학의 계시를 줄 수 있다"고 말한 그 균형의 지중해 말이다.

이 판이한 두 개의 바다와 그것에 대한 반응으로서의 감수성에 대하여 지중해변에서 자란 카뮈는 이렇게 말했다. "우리들에게는 보다 섬세한 스승이 필요하였다. 예컨대 '다른 바닷가'에서 태어나 그 또한 빛과 육체의 찬란함에 매혹당한 한 인간이 우리들에게 찾아와서 이 곁에 보이는 세상의 모습은 아름답지만 그것은 허물어지기 마련이니 '그 아름다움을 절망적으로 사랑'하지 않으면 안 된다는 사실을 그 '모방 불가능한 언어'로 말해줄 필요가 있었다." 과연 그르니에는 『지중해의 영감』의 「프로방스 입문」에서 이렇게 적시하고 있다. "인간이 그토록 대단한 가치를 지니는 것은 그가 죽음을 자신의 행동들을 위한 배경으로 삼고 있기 때문이다. 둘 중 한쪽이 없이는 다른 한쪽도 이해되지 못한다. 언제나 목전에 존재하는 그 종말에 대한 첨예한 감각만이 욕망에 윤곽을 부여한다. 쌍을 이루는 이 힘들로부터 어떤 비극의 철학이 생겨났다." 이 감동적인 전언이 참다운 삶을 위하여 '의식적인 죽음'에 그토록 집착했던 젊은 카뮈에게 얼마나 강한 영감을 주었을지는 충분히 짐작된다. 이 책의 표지에서 우리가 만나는 '영감'Inspiration이란 인간들에게 충고와 계시들을 가져다주는, 초자연적 존재에서 나오는 숨결, 그리고 그 초자연적 충동에 영향을 받은 영혼의 신비적 상태를 의미한다고 볼 때 지중해가 그르니에를 통하여 카뮈에게 불어넣어준 영감은 진정 '계시'에 가까운 것이었다.

모든 것의 시작은 카뮈였다. 나는 그의 열광적인 독자이자 역자가 되어 그의 발자취와 시선을 따라 지난 40여 년 동안 세상의 많은 곳을 헤매고 다녔다. 관광객으로서가 아니라 그의 글과 호흡을 삶의 시간과 발걸음으로 판독하는 자로서 그렇게 서성거렸다. 알제의 카스바, 오랑의 산타 크루즈, 티파자, 카빌리의 마을들, 엘 칸타라, 비스크라, 부사아다, 사막에 흩어진 오아시스들, 튀니스, 시디부사이드 언덕의 푸른 카페, 카르타고의 폐허, 사막 속의 메디나들, 이탈리아의 로마, 프로방스의 아비뇽·루르마랭·시미안, 그리스의 아테네와 에게 해에 흩어진 섬들, 그리고 그르니에가 어린 시절을 보낸 곳인 동시에, 우연히도 전사한 카뮈의 아버지가 묻혀 있었던 브르타뉴의 생브리외…… 그 모든 곳에서 내가 희미하게나마 읽을 수 있었던 것은 카뮈만이 아니었다. 그에 앞서 그 밑바닥에 장 그르니에의 깊고 어두운 목소리와 시선이 먼저 찾아와 여운을 드리우고 있었다. 그래서 카뮈는 새로 펴낸 『섬』의 재판 서문에서 이렇게 술회한다.

이십 년이 넘도록 나는 이 책을 읽고 있다. 오늘에 와서도 나는 『섬』 속에, 혹은 같은 저자의 다른 책들 속에 있는 말들을 마치 나 자신의 것이기나 한 것처럼 쓰고 말하는 일이 종종 있다. 나는 그런 일을 딱하다고 생각지 않는다. 다만 나는 나 스스로에게 이 같은 행운이 온 것을 기뻐할 뿐이다.

카뮈는 이 기이한 '정신적 모방'을 통해 경험하는 '열광에 찬 복종의 마음'에서 행복감을 느낀다. 과연 카뮈의 작품들—특히 제2차 세계대전 이전의 초기 작품들—을 세심하게 읽어본 독자라면 얼마나 많은 느낌과 표현들이 『섬』과 『지중해의 영감』의 그것들과 유사하거나 일치하는가를 확인하면서 놀라움을 금치 못하리라. 가령 우리는 "해 지는 저녁 시디부사이드의 망루에서 발걸음을 멈추고" 눈앞에 펼쳐진 바다의 "태평스러운 무심함"을 관조하는 사람(「하드리아누스 황제의 별장」)과 처음으로 저 세계의 "정다운 무관심"을 향하여 스스로의 마음을 열어 보이는 사형수 뫼르소(『이방인』)를 겹쳐놓고 보지 않을 수 없을 것이다. 뫼르소는 이미 신부에게 절규하듯 소리쳤었다. 미리부터 예정된 죽음이 "한 줄기 어두운 바람"처럼 지나가며 자신에게 주어지는 것은 모두 다 "서로 아무 차이가 없는 것으로 만들어버린다"고 말이다. 그 절규에 대한 계시처럼 장 그르니에는 같은 말을 하고 있다(「코르넬리우스에게 보내는 편지」). "우리는 죽어가는 사람들과 같은 처지에 놓여 있다. 죽어가는 마당에 그 사람들이 복권에 당첨되든 안 되든 무슨 차이가 있는가? 지금이 정오라면 촛불을 한 개 켜든 백 개 켜든 무슨 차이가 있는가?"

그러나 이 같은 동일한 인식에도 불구하고 그 출발점에서부터 그르니에와 카뮈가 나아가는 길은 서로 다르다. 두 작가의 긴 행로가 보여주는 차이는 "두 가지 사상의 차이라기보다는 두 가지 기질의 차이"라고 설명하는 사람은 바로 그 둘을 동시에 잘 알고 있는 소설가 로제 그르니에Roger Grenier, 1919~2017다.

모든 것의 시작은 카뮈였다. 카뮈의 글들을 읽다가 내가 '발견'한 또 한 사람의 작가가 바로 마지막까지 갈리마르 출판사의 편집위원으로 가장 오래 활동하다가 작년 11월 98세로 타계한 로제 그르니에다. 두 작가의 공통된 성인 그르니에Grenier는 곡식을 저장하는 '곳간'이나 '고미다락'을 의미한다. 나는 카뮈를 통하여 그의 가장 비밀스러운 두 곳의 고미다락을 발견한 셈이다. 로제 그르니에는 1971년 장 그르니에가 세상을 떠난 직후 그해 오월 『N.R.F』 추모특집에 「진실과 침묵」이라는 매우 간결하고 여운이 깊은 단장斷章들을 기고한 바 있다. 그 어떤 글보다 장 그르니에의 진면목을 군더더기 없는 문장으로 드러내주는 단장들을 여기에 발췌 인용해본다.

장 그르니에와 걸을 때는 언제나 비둘기처럼 조심조심 걸었다. 나는 1949년 카뮈 때문에, 또 그와 성이 같다는 사실이 갖게 하는 호기심 때문에 그를 알게 되었다. 그는 같은 성씨에 대하여 나름의 이론이 있었다. 그리고 공감이, 그리고 믿음이 생겼다. 그 믿음은 오랫동안 그토록 비밀스럽고 내성적인 인물에게 있어서 도달

할 수 없는 그 무엇이었다. 그리고 나서 아마도 우정이 찾아왔다.

수줍음은 아무것도 아닌 것들에도 가치를 부여한다. 장 그르니에가 전화를 걸어온다면, 혹은 그가 작은 부탁을 한다면, 그건 의미가 가득한 그 무엇이다. 그가 어떤 원고를 보여준다면 그것은 속내 이야기다.

문학에 대한 그의 사랑에도 불구하고 한 권의 책은 그에게 있어서는 몰염치, 그리고 무용함의 극치라는 생각을 지우기 어렵다. 그가 내게 이렇게 편지를 보냈다. "살 껍질을 벗겨낸다는 것은 힘든 일입니다. ─그래서 나는 자주 생각합니다. 무엇하러? 그러다 보니 글이 써지지 않아요. 혹은 쓴 것을 출판하게 되지 않아요." 장 그르니에는 진실의 목소리는 침묵과 거의 구별되지 않는 것임을 암시한다.

나는 일개 신문기자에 불과했다. 그러나 그 모든 거리에도 불구하고 사람들은 종종 우리 두 사람을 혼동하곤 했다. 그래서 나는 글을 쓸 때면 혼자 말하곤 했다. 천박해지면 안 되지, 혹시 사람들이 착각해서 내가 쓴 글이 장 그르니에의 글이라고 생각하는 일이 생길 때 그가 수치스럽다고 여기면 안 되니까.

생로병사, 다시 말해 삶의 고통은 그의 정신에 어떤 형이상학적인 문제를 제기한다. 같은 전제에서 출발하여 카뮈는 모럴리스트가 될 수밖에 없었다. 바로 거기에 두 사람의 차이가 있다. 그들의 차이는 두 가지 사상의 차이라기보다 두 가지 기질의 차이다.

사실 『지중해의 영감』 같은 책의 번역은 커다란 모험이다. 문학과 철학을 포함한 방대한 인문학적 지식과 감수성, 그리고 행간을 읽어내는 시적 자질을 요구하기 때문이다. 장 그르니에 연구가 전문인 파리의 파트리크 코르노 교수의 자세한 조언을 얻었지만 몇몇 대목은 끝내 해결하기 어려운 어둠으로 남았다. 물론 역자의 능력 부족에서 기인하는 문제이겠지만 어느 면 그것은 문장 자체의 직접적인 의미를 넘어서 문장의 앞뒤 관계가 만들어내는 어떤 암시적인 어둠인지도 모른다. 동시에 이 책은 독자들에게 다른 책들과는 다른 태도를 요구한다는 의미이기도 하다. 단순한 논리적 이해를 넘어서 어떤 형이상학적 시의 분위기를 통합적으로 경험해낼 수 있는 자질을 요구한다. 천천히 읽기, 내면적 성찰을 동반하는 창조적 읽기가 도달한 내면적 풍경의 저 끝에서 저만큼 걸어가는 그의 발소리가 나직하게 들린다. 어둠이 오히려 빛이 되는 그 골목 저만큼에 …… 어쩌면 내가 잘못 보고 잘못 들은 것일지도 모른다. 문득 찾아오는 침묵. 그 없음의 충만에 귀를 기울여본다.

역자의 구차하고 잡다한 의문에 기꺼이 응해주고 친절한 해설을 써준 나의 친구 파트리크 코르노 교수에게 감사한다.

2018년 6월

김화영

차례

옮긴이의 말
침묵과 망설임의 형이상학 · 5

1961년 판에 붙이는 말 · 19
서문 · 20

북아프리카
산타 크루즈 · 25
카지노 바스트라나 · 32
알제의 카스바 · 36
비스크라의 어느 날 저녁 · 41
메디나의 밤 · 50
하드리아누스 황제의 별장 · 58

이탈리아
로마의 평원에서 · 71
베로나에서 세비야까지 · 87

프로방스

프로방스 입문 · 107

들판에 돋은 풀 · 119

그리스

인간의 모습을 생각하다 · 135

그리스의 묘비명 · 162

탐구

가시 없는 장미 · 177

코르넬리우스에게 보내는 편지, 혹은 변신 · 186

코르넬리우스의 답장, 혹은 창조 · 199

코르넬리우스의 두 번째 편지의 단편들 · 212

해설

장 그르니에와 지중해 · 221

장 그르니에 연보 · 233

나의 아내에게

▪ 지은이 주는 '2*'과 같이 참조번호에 별표(*)를 하여 구별했고, 그 나머지는 옮긴이 주이다. 지은이 주 안에서 덧붙인 옮긴이 설명은 〔 〕 괄호로 표시했다.

1961년 판에 붙이는 말

이 책은 1940년에 처음 출판되었다.

알제리와 관련된 글들은 1937년에 이미 '산타 크루즈'라는 제목으로 '지중해 총서'(샤를로 출판사, 알제)에 포함되어 르네 장 클로의 데생과 함께 한정판으로 나온 바 있다.[1*]

그토록 오랜 세월이 흐른 뒤에 우리가 이제 와서 이 책을 다시 출판하게 된 것은, 이 책을 관통하고 있는 느낌들의 표현 방식이 여전히 마음에 들어서가 아니라 그 뒤에도 그 느낌들 자체는 변하지 않았고 또한 그것이 오로지 책을 쓴 저자의 느낌들만은 아니라고 여기기 때문이다.

[1*] 이 글들은 1937년 이후 발표된 적이 없으며 알제, 티파자, 콩스탕틴 그리고 알제리 전체에 대한 글들 또한 그 판본에는 실리지 않았다.

서문

사람들 저마다에게는 행복을 위하여 미리부터 정해진 장소들이, 활짝 피어날 수 있고 단순한 삶의 즐거움을 넘어 황홀에 가까운 어떤 기쁨을 맛볼 수 있는 풍경들이 존재한다. 플로베르는 그 기쁨들에 대하여 이렇게 말한다. "나는 가끔 삶을 초월하는 어떤 영혼의 상태를 엿본 적이 있다. 그 상태에서 보면 영광이란 아무 것도 아닐 것 같고, 행복 그 자체도 거기서는 부질없을 것 같다."

지중해는 그런 영혼의 상태를 영감靈感처럼 불어넣어줄 수 있다. 낭만주의자들은 감정의 혼란으로 인하여 풍경 속에서 어떤 정신적 자양이나 심지어 어떤 신적인 것의 직감을 발견하는 경향이 있었다. 지중해가 그런 감정의 혼란 속으로 몰아넣을 염려는 없다. 지중해는 그 특유의 선들과 형태들이 주는 강렬한 인상으로 진리를 행복과 떼어놓고 생각할 수 없게 만든다. 그곳에서는 빛의 도취경 그 자체가 명상의 정신을 고양시킬 따름이다.[2*] 그래서 지중해는 절대의 숭배로부터 그리고 행동의 숭배로부터 등거리에 위치할 수 있는 어떤 형이상학의 계시를 줄 수 있다.

1939년 7월

[2*] 그 점을 누구보다 더 잘 표현한 사람은 폴 발레리인데 그는 자신이 쓴 글의 제목을 이 책의 제목으로 쓸 수 있게 허락해주었다. 〔'지중해의 영감'(Inspirations méditerranéennes)은 원래 발레리가 1933년 11월 24일 강연 전문기관인 '아날 대학'에서 가진 강연 원고의 제목으로, 이 글은 1936년 그의 저서 『바리에테 III』에 다시 수록되었다. 폴 발레리, Oeuvres, T.I, Bibliotheque de La Pleiade, Gallimard, p. 1084.〕

북
아
프
리
카

...

눈앞에 활짝 열린 공간이 있고
'무엇이나 다 가능한' 이런 저녁에
우리는 어떤 자유 이상으로
모종의 도취 같은 것이 필요하다.

...

산타 크루즈

 오랑이라고 하는 이 수선스러운 개미집에서는 어디를 가나 늘 곁을 따라다니는 장소가 하나 있으니 바로 플랑퇴르 언덕과 그보다 좀더 위에 있는 산타 크루즈[1]다. 대도시들이 강요하는 외로움에 고통을 느끼는 바로 그 순간에도 우리는 그 언덕과 자신이 어떤 우정으로 서로 이어져 있다고 느낀다.
 레탕의 산책길[2]에서 나는 자주 뱃머리에 조가비가 박힌, 그 뒷집힌 나룻배의 빛나는 존재에서 위안을 얻곤 했다. 나는 무용한 작업의 시간들을, 생산적인 게으름의 시간들을, 배움에 바쳐야

---

1 ____오랑 시내를 굽어보는 329미터 높이의 산을 아이두르(Aidour)라고 부르는데, 그 정상에 요새와 성당이 자리 잡고 있다. 오랑 사람들은 이 산언덕을 흔히 산타 크루즈라고 부른다.
2 ____오랑 언덕 위에 있는 계단식 테라스 정원을 말한다.

했을 시간들을, 그리고 망각에 기울여야 했을 시간들을 생각했다. 어느 쪽을 택해야 할지 알 수 없다면 행동하는 것과 아는 것이 무슨 소용인가? 하나씩 하나씩 쌓아올린 지식들이 오히려 우리 눈앞의 진정한 지식을 가린다. 우리는 우리에게 가장 무용한 것을 배우고 우리와 관계도 없는 '뉴스'들을 알게 된다. 자기 안에 오래 지속하는 어떤 존재를 품고 있으면서 우연적으로 일어나는 것에만 관심을 가진다니, 얼마나 이상한 일인가!

········

 태양이 아프리카의 산 위로 다갈색 색조를 솟아오르게 하니 그 색조는 하루 종일 사라지지 않고 남아 있을 것이다. 바닷물에 발이 잠길 정도로 기지개를 켜는 이 짐승을 쓰다듬어주고만 싶어진다. 빛은 아직 짙어지지 않았고 당신 뒤로 남아 있던 빛의 자취는 즐겁게 조잘대다가 움츠러든다. 우리는 삶의 원천에, 샘솟는 맑은 물 가까이에 있음을 느낀다. 이것이 바로 영원한 새로움이고 새벽의 열림과도 같은 것이기에. 이제 곧 좀더 짙은 빛이 쇄도하여 마침내 정오의 표면적인 부동성으로 굳어지겠지만 실제로 그 부동성은 무수한 동요들로 이루어진 것이다. 얼마나 영광에 찬 대낮인가! 나는 술잔 속에 담긴 한 송이 꽃처럼 태양이 진종일 내려와 쉬는 팔레르모의 금빛 소라고동을 생각한다. 그러나

그곳에서는 빛이 앙달루즈에서 카나스텔로 이어지는 이 광대한 공간에서처럼 노닐지 않는다.[3]

이 빛은 여러 도시들을 건드리며 그 우아함으로 뒤덮는다. 그 빛이 아니었으면 도시들은 그저 보헤미안들의 야영지에 불과했으리라. 이곳에서 빛은 알제 같으면 별로 필요도 없는 기적을 만들어낸다. 그러나 또한 이곳의 빛은 질적인 차이가 있다. 알제의 빛은 눈을 즐겁게 하고 오랑의 빛은 지성에게 말을 건넨다. 알제의 빛은 붉고 푸른 대지에 닿는 순간 부서져버린다. 오랑의 빛은 오직 저 혼자서 온전한 풍경을 창조한다. 이곳에서는 빛이 아무 거리낌 없이 진정한 아프리카의 모습을 손쉽게 구성해낸다. 흘러넘치는 빛이 하루에도 시시각각 그 모습을 바꾸어놓는 헐벗고 황폐한 땅 말이다.

아프리카와 지중해를 똑같은 사랑으로 아끼는 사람들에게는 산타 크루즈 정상에서 그 둘의 결합을 관조하는 일보다 더 아름다운 것도, 그보다 더 의미심장한 것도 없다. 남부 지역에는 그보다 더 큰 궁핍, 더 은밀한 고독, 더 광막한 공간들이 있다. 그러나 그러자면 바다로부터 떨어져 나와야 하고 그 가능성의 상징과 헤어져야 하며 오직 현실만을 대면하고 있어야 하니…….

---

[3] 앙달루즈는 오랑 서쪽 25킬로미터 지점에 있는 해수욕장이고, 카나스텔은 오랑 동쪽 10킬로미터에 위치한 마을이다.

....

 나는 가끔 그곳으로 올라갔다. 팔레스트르에 이르면 벌써 숲이고 툭 터진 공간이다. 산타 크루즈로 인도하는 오솔길을 따라가는 동안 줄곧 우리는 봐야 할 것들과 말을 들어주어야 할 사람들을 찾아(그런데 사실 볼 것이라곤 거의 없고 말을 들어주어야 할 사람도 거의 없다) 그토록 분주하게 돌아다닌 뒤 거대한 정적이 자신을 사로잡는 느낌을 받는다. 쾌락에 달뜬 심장의 숨 가쁜 고동소리가 사라지고 내 귀에 들리는 것은 숲이 넓고 깊게 숨 쉬는 소리였다. 이처럼 음악은 가끔 우리를 느닷없이 스타카토에서 레가토로 데려간다. 우리의 생각은 처음에 풀단처럼 묶여 있다가 스르르 풀어져 행복하게 피어난다. 어쩌면 나는 바로 이런 순간—프루스트가 말한 것과 같은 "음악적 순간"—을 살기 위하여 태어난 것이리라.—그래서 다른 곳에서는 어디서나 길을 잃었던 것이리라. 문들이 닫히고 얼굴들이 적의를 드러내는 것은 바로 그때다. 세계가 당연히 우리를 진정한 소명 쪽으로 떠밀어 내려는 것이다.
 특히 어느 하루가 머리에 떠오른다. 나는 위로 올라가고 있었다. 그럴수록 지평선은 뒤로 물러났고 하늘은 더 깊어졌으며 나는 도시를, 도시와 바다를, 그리고 호수와 틀렘센[4] 산을 발견해나갔다. 아무렇게나 던져진 하얀 동전들의 무더기, 저것은 오랑. 자줏빛 잉크의 반점, 저것은 지중해. 은거울 위에 뿌려진 금가루, 저것은 햇빛을 통해 보이는 벌판의 소금. 나는 여전히 계속해서 올라갔고 풍경은 과장되다 싶을 정도로 점점 더 거대해져 갔다. 베토벤의 저 교향곡 주제들을 떠올리지 않을 수 없었다. 악장은 파성추로 때리듯 쾅쾅 울리며 전개되고 우리의 무관심, 우리의 존경, 우리의 찬양, 우리의 열광을 차례로 제압하면서 우리에게도 동일한 운동을 강요한다. 그리하여 관객인 우리를 배우로 변모시킨다. 이는 마치 우리 앞에 점점 더 넓게 열리는 공간, 더 많은 빛, 여전히 더 많은 빛으로 가득 채워지는 공간 같은 것이다. 우리는 도취하여 걷는다. 그러나 그것은 그 자체를 확신하는 취기, 목표를 향해 곧장 나아가 마침내 대자연과 정신의 포옹 같은 것에 이르는 그런 도취다.

  걸음을 멈추자. 한 발만 더 나아가면 모든 것이 다 부서져버릴 것 같다. 우리는 산타 크루즈에 이르기 직전에 이만하면 충분하다는 인상을 받는다. 이 세계 안에 너무나 많은 것들이 들어차 있어서가 아니라 우리의 정신이 돌연 멈춰버리기 때문이다. 정신은 무엇을 담기 위해 만들어진 것이 아니다. 정신이 할 수 있는 일은 오로지 측정해보는 것뿐이다. 너무도 광대한 풍경은 우리를 가

---

4   모로코 국경과 인접해 있고 오랑에서 남서쪽으로 140킬로미터 떨어진 도시. 오랑이 해안도시라면 틀렘센은 내륙의 거점도시다. 도시 뒤로는 해발고도 807미터 높이의 틀렘센 산맥이 둘러서 있다.

득 채우기는커녕 오히려 비워낸다. 그러나 산타 크루즈에서는 그 한계를 넘지 않는다. 이런 풍경 앞에서 우리는 다만 두 눈을 감고 그 풍경을 자기 안에 내장하여 거기서 자양을 얻고 싶은 유혹을 느낄 뿐이다. 이리하여 풍경은 나중에 우리가 그 풍경 없이도 지낼 수 있게 허락해주리라. 풍경이 곧 우리 자신이 될 테니까.

작은 성당의 문에는 순진한 글귀들이 새겨져 있었다. 시험에 합격하게 해주십사, 일자리를 얻게 해주십사 등등의 소원을 성모께 간구하고 있었다. 이 글귀들을 읽으며 입 밖으로 털어놓지 않은 그 모든 인간적인 근심 걱정들을 생각하자니 나로서는 루크레티우스[5]의 즐거운 무관심에 동조하기가 어렵다. 이 날은 내겐 항상 당장이라도 무너질 수 있는 어떤 하나의 평형점, 예술작품 특유의 바로 그런 불안정한 평형, 어떤 상반되는 우연이 언제라도 끝장내버릴 수 있는 저 우연의 결실 같은 것이다. 나는 산타 크루즈에서 저울대 위에 서 있는 것이다. 그럴진대 내가 무엇 하러 물 위를 스치는 바람처럼 쉬이 지나가는 행복을 이기적으로 나 혼자만 즐기겠는가?

그런데 그 행복이 기우는 태양과 함께 벌써 사라진다. 최대한 멀리 오솔길을 돌아 내려가서 도시와 그 소란과 빛을 다시 만나

---

[5] 기원전 1세기경의 고대 로마의 시인, 철학자로 『만물의 본성에 대하여』를 남겼다.

야 한다. 나는 산타 크루즈에 작별을 고하고 나무와 꽃들에게도 작별을 고한다. 어느 변두리 동네의 확성기에서 지칠 줄도 모르게 되풀이되며 들려오는 노래. 아디오스, 아디오스, 무차초스.[6]

6 ___ 잘 가라, 잘 가라, 소년들아.

카지노 바스트라나

"시와 쾌락은 같은 것이다." 아니다. 시는 지속되고 고동치는 쾌락이다. 그러나 자신의 내면적 성향을 확실하게 밝혀내기란 어려운 일이므로 오로지 자신의 쾌락만을 추구하자면 얼마나 많은 희생이 따르는가. 성자와 영웅은 오직 그들 자신의 쾌락만을 사랑할 뿐이다.

스페인 구역 가까이에 한쪽은 홀이고 다른 한쪽은 극장인 카지노 바스트라나가 자리 잡고 있는데, 그곳에서 토요일과 일요일이면 가끔씩 스페인 극단의 순회공연이 열리곤 했다. 그러면 마침내 그곳 홀과 무대에서 예술에 대한 사랑으로 찾아오는 사람들, 즉 '카스티야 토박이들'을 볼 기회가 있었다.

사람들은 수시로, 심지어 '공연' 도중에도 안으로 들어갈 수 있었다. 섞이지 않은 순수한 것만이 쾌락인 법. 살다보면 우리는 어쩔 수 없이 최상도 최악도 모두 참아내야 한다. 그러나 공연의 경우, 기분을 풀려고 찾아갔는데 재미가 없다면 그곳에서 한시라도 더 머문다는 것이 과연 할 노릇인가? 그리고 쾌락이 순수한 것이라면 그것이 변질될까 염려스러운 순간에 그만 돌아서야 한다. 나의 경우에는 단 오 분이면 충분하다. 그래서 나는 들락날락하는 것이었다.

아덴의 어린아이들은 사람들이 던져주는 동전을 주우려고 바다 깊이 몸을 던졌다가 이내 허리힘을 써서 박차고 되돌아 나온다. 나는 안으로 들어갔고, 구릿빛 어깨 위로 쳐들고 흔드는 팔들, 마룻바닥을 쾅쾅 구르는 순발력 넘치는 발들, 심금을 울리는 목소리, 외침, 외침들, 소용돌이치는 치맛자락, 날아오르는 기타 소리를 순간적으로 포착했다. 그게 전부였고 그것으로 충분했다. 어떤 작가는 단 한 페이지로 할 말을 다 할 수 있다. 그러니 그 나머지는 찢어버려야 한다. 어떤 음악가는 단 몇 개의 화음으로 영혼을 가득 채울 수 있다. 나는 나의 밤 속으로 깊이 사무치게 될 그 한 방울의 향기를 지니고 돌아오는 것이었다.

하늘에는 별들이 가득했다. 화려한 감각세계 속에 펼쳐놓고 보면 인간의 욕망은 더 이상 덧없는 그림자가 아니라 어떤 빛이 흘러간 자취, 가장 먼 세상의 얼굴들 위로 흘러가 스러지게 될 기쁨의 외침이었다.

밤이 너무나도 아름다워서 나는 밤을 벗어나 빛 속으로 들어가기가 망설여졌다. 그러나 너무나 아름다운 그 밤을 감당할 만한 무엇인가를 가지고 나오기 위하여 빛 속으로 들어갔다.

이렇게 두 가지 꿈 사이에서, 두 가지 음악 사이에서 흔들리는 가운데 나는 오고 가며 이쪽에서나 저쪽에서나 같은 규칙을 다시 만나곤 했다. 별들은 원하지는 않았지만 받아들인 어떤 법칙에 따라 고분고분 운행되고 있었다. 마치 노래하는 사람들과 춤추는 사람들이 타고난 그들의 리듬과 음악에 따르듯이. 규율을 준수하며 고분고분. 흥이 나서 고분고분. 마땅히 해야 할 바는 바로 이런 식이 아니겠는가. 불러주는 대로 받아쓰는 것.

복종하고 싶어 조바심이 나는 순간 우리의 나약함은 얼마나 큰 힘을 갖게 되는가!

눈앞에 활짝 열린 공간이 있고 '무엇이나 다 가능한' 이런 저녁에 우리는 어떤 자유 이상으로 모종의 도취 같은 것이 필요하다. 어떤 공연을 통해서 자기 자신 이상의 그 무엇과 맺어진다고 느낀다면 비록 가장 저급한 공연이라고 한들 무슨 상관이겠는가?

나는 공연 내용을 잊어버렸다. 그리고 배우들도 잊어버렸다. 말라가에서 온 아이들, '목동들의 민요인 비달리타스와 쿠루코 노래에 통달한' 열두 살짜리 세상에서 가장 나이 어린 가수, '무슨 노래든 다 잘 부르는' 플라멩코 가수로 그라나다에서 온 여자아이, '조각처럼 아름다운 발레리나', '죽여주는 플라멩코 노래로 가슴을 흔드는' 장님 가수. 이 모두가 다 얼마나 특이하고 감동적이며 보잘것없었던가! 그러나 나는 그곳에서 나 자신을 잊을 수 있었고 나의 허무를 지불하고 시적인 것을 얻었다. 아마도 그 시는 조악하기 짝이 없겠지만 나는 그것을 사랑했다. 내 귀에는 아직도 지난날 카스티야와 안달루시아에서 들었던 그 새된 목소리들의 메아리가 들린다. 뜻밖의 거절인 양 마음을 사로잡아 짓이겨 멍들게 하는, 또는 채찍질하듯 마음을 쓸어가는 그 목소리들. 우리들 삶의 무용한 풍요로움 위에 헐벗음과 고독의 아라베스크 무늬를 그리는 그 목소리들.

알제의 카스바

이 카스바[7]에서 얼마나 많은 저녁들을, 얼마나 많은 아침들을 보냈던가! 항구들, 대도시들, 온갖 모듬살이들이 주는 그 매혹은 놀라운 데가 있다. 그러나 꼭꼭 문을 걸어 잠그고 자기 안에 갇혀 사는 사람이 자신으로부터 벗어나 밖으로 나가기를 열망하는 날들이 있다. 자신을 내던지기 위해서가 아니라 ─ 대부분 그렇게 할 능력이 없으므로 ─ 자신을 잊기 위해서. 요컨대, 그는 이렇게 생각한다. 나는 이제 익명이 되는 거야. 아무도 내가 하는 일, 나

---

[7] Kasbah. 북아프리카에서 볼 수 있는 아랍식 시가 지구를 포함한 옛 성곽도시를 가리킨다. 영화 「망향」과 「알제의 전투」의 무대가 되면서 널리 알려졌다. 구항舊港의 위쪽, 도시의 동쪽 비탈로 안뜰을 갖춘 희고 네모난 집들이 밀집해 있으며 터널 같은 미로의 길들은 옛 아랍의 독특한 인간적 분위기를 간직하고 있으며, 테라스에서 바라보는 지중해의 조망이 인상적이다. 유네스코 세계문화유산이다.

의 직업, 나의 가족, 심지어 나 자신에 대해서 이야기하지 않을 거야. 이제 나는 나를 잊고 세상 속에 뒤섞여버릴 수 있게 된 거야. 이제 더 이상 무슨 역할을 맡아야 할 필요도, 더 이상 어떤 태도를 취할 필요도 없다.

모하메드 셰리프와 클레베르 거리가 교차하는 프로망탱 카페에 앉아서 나는 자주 남자들, 여자들, 아이들이 앞서거니 뒤서거니 일터로, 또는 쾌락을 찾아, 샘가로, 또는 기도하러 서둘러 내려가는 모습을 바라보았다. 많은 사람들이 심각한 표정을 지으며 말없이 생각에 잠겨 있었다. 또 다른 사람들은 그보다는 주위의 사물들에 더 많은 관심을 보였다. 그리고 모두가 다 고대극의 합창대처럼 움직이고 있었다.

평소에 우리는 서로 너무나 다른 사람들이 그들 '자신'이나 '우리' 안에 담을 쌓고 들어앉아 있는 것을 보면 신기하다고 여길 수 있다. 무덤에 들어가면 원치 않아도 머지않아 그렇게 될 텐데 말이다. 그런데 담을 쌓고 들어앉아 있다는 생각은 결국 성립할 수 없다. 또 우리가 그렇게 생각하도록 지지해줄 그 어떤 손도 빌릴 수 없다. 서로를 가깝게 만들어주어야 마땅할 쾌락 그 자체가, 일단 일시적 쾌락이 주는 가짜 우정의 오해가 풀리고 나면, 사람들을 서로 최악의 적이 되게 한다.

그러나 지나가는 행인에게는 이곳의 모든 것이 어떤 가면을, 운명이라는 가면을 쓰고 있다. 그 자신도 본래 지니고 있는 자기만의 식별 표시들을 없애고 서둘러 가면을 쓴다. 그러지 않고 그가 과연 눈앞에 벌어지고 있는 광경에서 무엇을 이해할 수 있겠는가? 모두 다 일부러 꾸민 태도를 취하고 있는데 혼자만 웃거나 찡그리게 될지도 모른다. 카페에서 내 옆자리 이 사람들은 몇 시간이고 돗자리 위에 죽치고 앉아 있을 수 있다. 모르는 사이에 낮빛이 푸른색 타일들 색깔에서 노란색 타일들 색깔로 변해가도 그들에게는 하루의 시간이 그냥 그대로 멈추어 있다.

나는 식물들의 삶처럼 그렇게 늘어져 느리게 흐르는 삶이 무엇보다도 시詩에 어울린다는 상상을 해보곤 했다. 전에 나는 풍부하고 유연한 언어능력을 가진 문맹의 시인들 이야기를 들은 적이 있다. 특히 글을 읽을 줄도 쓸 줄도 모르고[8*] 다만 머릿속으로 내용을 고쳐가며[9*] 온갖 서민적인 장르의 시를 짓는 어느 시인 이야기를 들었다. 그는 돌아다니면서 글을 쓰고 시의 주제들을 오랫동안 마음속으로 반추한다. 가끔 즉흥적으로 시를 짓기도 하는데 그것이 바로 최고의 성공작들이다. 하지만 그러자면 '마음속이 고요해질' 필요가 있다. 어쩌면 그의 시들은 출판이 될 경우 까다로운 사람들에겐 마음에 들지 않을지도 모른다. 각 연은 바

[8*] "나는 귀로 읽는다"고 그는 말한다.
[9*] "나는 밑에 있는 것은 위로 올려놓고, 또 반대로 위에 있는 것은 밑으로 내려놓고, 그러고 나서는 뚜껑을 닫는다."

로 앞 연에서 말한 내용을 되풀이하여 강조하고,[10*] 그가 다루는 주제들은 우리 시대 최고의 예술가들이라 해도 영화로 만들기는 쉽지 않을 죽음, 지옥, 심판 같은 것들이니까. 그러나 내가 볼 때 그에게 있어서 가장 감동적인 것은 그가 어떻게 시인이 되었는가 하는 점인 듯하다. 그가 어렸을 적에 거짓말한 벌로 어른들이 그를 사일로 저 밑바닥으로 내려보낸 적이 있다는 것이다. 그때 느낀 두려움 때문일까, 그때 처한 상황의 기이함 때문일까? "나는 그 순간 무언가 내 안으로 들어오는 느낌이 들었다. 그러고는 시로 말하기 시작했다."

이따금 우리는 그런 계시를 일생 동안 기다린다. 시인에게는 사일로 바닥으로 내려가는 것이 계시였다. 그런데 그 밑바닥을 어렴풋이 엿보았을 때조차도 우리의 눈은 좀처럼 그 어둠에 익숙해지지 않는다. 그 어둠이 다른 사람에게는 빛인데 말이다…….

그러나 마음속에서 그토록 자주 느끼곤 했던 공허이지만, 카스바에서는 그저 두 눈을 하늘로 들어올리기만 하면 그 공허가 가득 메워지는 것을 느낄 수 있었다. 시인이 아닌 사람은 대자연이 곧 노래인 고장에서 살도록 하라. 희망 없이 사는 사람은 아무 희

[10*] "만약 그대가 식자들을 상대로 글을 쓴다면 되풀이할 필요는 없을 것이다. 그러나 일반 대중에게는 되풀이하면 할수록 더 효과적이다."

망도 필요치 않은 곳에서 지내도록 하라. 마음이 흔들리고 불안한 사람은 이곳으로 와서 어린아이의 가벼운 맨발 리듬에 가슴의 고동소리를 맞추어보라.

비스크라의 어느 날 저녁

남쪽 지역은 여행자에게 실망스러울 수 있다. 여행자는 사실 무언가를, 가령 모래사막이나 오아시스를 보려고 여행하는 것이다. 그런데 알제리 남부 지역 대부분은 모래도 오아시스도 없다. 있는 거라곤 바위투성이의 땅들과 석회질의 돌들뿐이다. 사막인 것은 맞다. 그러나 상상했던 사막과는 딴판이다. 낙타가 걸음을 옮길 때마다 발밑에서 무너지는 모래언덕, 불타는 듯 뜨거운 태양으로 이글거리는 하늘을 기대했다. 그런데 눈에 보이는 것은 무엇인가? 자갈들, 단조로운 고원들, 또 언제나 그렇듯이 돌들. 군데군데에 띠를 이루는 진흙땅들이 흐릿한 와디[11]의 흔적을 남겨

---

[11] Wadi. 아랍어로 마른 골짜기를 뜻한다. 건조한 사막 지역에서 볼 수 있는 간헐하천으로 호우 때는 범람하지만 곧 말라버린다.

놓았지만 협죽도는 이미 자취도 찾아볼 수 없다. 색채들이 마법처럼 빛나던 자리에는 오직 흐린 회색빛만 단조롭게 퍼져 있다. 음울하고 때로는 구릿빛이 감도는 하늘. 그러나 이 첫인상에서 벗어나 풍경과 하나가 되는 즉시 공작의 깃털처럼 활짝 피어나는 빛은 얼마나 찬란하고 오묘한가! 그리고 멀리서부터 눈에 들어오는 오아시스들의 빛은 얼마나 위풍당당한가! 젤파[12]에서 라구아트[13]로 내려가는 코스, 종려나무들의 낙원을 호위하는 그 산들의 위엄과 진정한 사막의 문턱을 잊을 수가 없다. 층층이 돌아오르는 정원들의 '나선형'과 하얀 피라미드 꼭대기에서 내려다보이는 가르다이아[14]의 정경 또한 눈에 담아두지 않을 수 없다. 이런 이야기들은 다른 사람들이 이미 다 글로 썼으니 다시 언급할 필요는 없다. 살아 있는 것과 생명 없는 것을 뚜렷히 구분해 준다는 면에서라도 음자브의 오아시스들은 특기할 만하다. 이쪽은 물과 집과 식물들, 그리고 개미처럼 일하는 인간들이며, 저쪽은 모래와 돌, 그리고 죽음과 망각이다. 도시들 주위로 이어지는 변두리 동네들, 경계가 불분명한 근교 지역이나 채소밭으로 변하

---

12   알제리 북부의 중심에 위치하며 알제에서는 300킬로미터 남쪽에 있다.
13   알제에서 400킬로미터 남쪽에 있는 도시. 높은 산과 사막으로 둘러싸여 풍광이 아름다우며 '사막의 문'이라는 별명으로도 널리 알려져 있다.
14   알제에서 600킬로미터 남쪽에 있는 음자브 계곡의 중심도시. 건축적으로도 아름답고 역사적인 측면에서도 중요한 알제리의 대표적인 관광 명소로 유네스코 세계 문화유산이다.

여 쓸모가 생긴 들판들 같은 그런 중간상태나 접합부위는 찾아볼 수가 없다.

사막 지역의 광대한 공간을 횡단하자면 당연히 피로하기가 이를 데 없다. 그러나 단조로움, 그리고 자기를 버림으로써 얻는 어떤 마음의 평정이 내면 깊이 스며들 시간을 갖게 된다. 가르다이아에서 게라라[15] 쪽으로 기적처럼 굴러가던 —남부 지역의 관리들이 은퇴하여 북부 지역으로 살러 가는 길이라면 차들은 반대방향으로 갈 것이다—버스 한 대가 도중에 잠시 멈춰 섰다. 그때 갑자기 요란한 굉음이 들려왔고, 이어 땅이 내려앉아 우묵하게 팬 곳으로 물줄기가 밀고 내려오는가 싶더니 유량이 불어나면서 높이 차올라 마침내 쉬지 않고 쏟아져 내렸다. 길이 끊어졌으니 기다리는 수밖에 없었다. 이리하여 사람들은 하루 종일, 그리고 또 밤새도록 기다렸다. 별들이 땅 위에 흩어져 있는 돌들의 광채에 화답하듯 반짝거렸다. 요란한 소리를 내며 쏟아져 내려오는 강물소리와 함께 두건 달린 외투 속에 몸을 파묻고 토해내듯 부르는 원주민들의 노랫소리가 뒤섞였다. 아침이 되자 난데없이 나타났던 그 강은 자취를 감추었고 버스는 다시 떠날 수 있었다.

이런 우연적인 일들은 비가 올 때만, 다시 말해서 이 년에 한 번쯤 가끔 일어난다. 그럴 때 외에는 눈을 닦고 봐도 풍경 속에서

---

[15] 가르다이아에서 북동쪽으로 115킬로미터 떨어진 곳에 있는 작은 군郡.

사람의 자취라곤 찾아볼 수 없다. 예외적으로 혹처럼 약간 볼록하게 튀어나온 부분들이 눈에 띄었지만 대자연이 만들어낸 조화 같지는 않아 보인다. 무얼까 싶어 자세히 살펴보면 그것들은 단지 바로 옆 땅바닥에 널린 이 빠진 항아리들로 겨우 미루어 짐작할 수 있는 무덤들, 다시 말해서 정지된 생명의 상징들임을 알 수 있다. 화관과 각종 추모 기념물들로 뒤덮인 유럽식 묘지와는 거리가 멀다. 심지어 단순한 평석 하나면 넉넉히 망자를 추념할 수 있는 알제의 아랍인 무덤과도 거리가 있다.

  사막의 광막함은 인간의 정신에는 어떤 심연과도 같다. 인간은 그것을 두려워하여 받아들이지 못한다. 그러나 그 광막함에 일단 익숙해지기 시작하면 인간은 그것에 끌리는 느낌을 갖게 되어, 처음에는 그 매력이 피해야 할 위험으로 여겨지고 다음에는 충족시켜야 할 호기심의 대상이 되며 마침내 더 이상 떨쳐버릴 수 없는 황홀함으로 보인다. 이 비정한 풍경들은 아침 이른 시간에 해가 떠올라 이슬을 빨아들이듯 인간을 마셔버린다. 인간에게 세계는 헛된 소란으로 가득한 무대 같아 보인다. 그는 오직 그 무대에서 물러나고 싶을 뿐이다. 그는 무관심이라는 이름의 흐르는 모래流沙 속에 파묻혀 타자들에게는 오로지 그의 진정한 자아의 환영만을 드러내 보일 뿐 어느새 그 어떤 인간의 언어로도 표현할 길 없는 지극히 신비스러운 그 무엇과 하나가 되어버린다. 그는 이렇게 신비주의자의 말을 되뇔지도 모른다. 나는 자아상실의 내기를 걸었고 그 내기에 성공했다.

그러나 하나의 삶이 이처럼 송두리째 명상 속으로 흘러 들어가는 일은 드물다. 어쨌든 유목민은 오아시스를 약속의 땅으로 생각하기에 그의 삶은 힘겨운 유랑과 축제가 서로 교차하는 과정이다. 오아시스는 그에게 도회지다. 비스크라[16]가 본래의 그 토착성을 잃어버린 것은 유감스러운 일이다. 비스크라는 사람들이 물물교환과 쾌락을 위하여 찾아오는 중심지 고유의 특성을 다른 많은 도시들보다 더 잘 구현하고 있었으니까 말이다. 아마도 비스크라의 이웃인 엘 칸타라[17]는 복음서에 나오는 것과 같은 종려나무들이 늘어서 있어 훨씬 더 아름답다고 할 수 있으리라. 그러나 모든 여행자들의 취향이 다 같을 수는 없다. 어떤 이들은 눈으로 보기 위하여 여행하고 또 어떤 이들은 즐기기 위하여 여행한다. 또 다른 이들은 그 어떤 아름다움이든 아름다움보다는 모종의 행복한 분위기에 더 큰 감동을 느낀다. 그들은 눈의 즐거움보다 몸의 안락함에 더 민감하다. 구불구불한 골목골목에 사람들이 득실대는 니스, 세비야, 비스크라처럼 잡다한 도시들은 여행자와 뜻이 맞아서 안내자를 사이에 두지 않고도 그들을 쉽게 맞아들

---

[16] 알제에서 남동쪽으로 약 400킬로미터 떨어진 비스크라 주의 주도. 사하라 사막의 북쪽, 오레스 산맥과 음자브 산의 기슭에 자리 잡고 있는 이 오래된 도시는 흔히 '지반의 여왕', '사막의 관문', '사하라의 니스'라 불린다.
[17] 오레스 산맥 남서쪽, 비스크라에서 북쪽으로 52킬로미터 떨어진 오아시스.

인다. 이런 도시들은 여행자에게 온갖 색깔들, 과일과 꽃들, 사람들의 몸짓과 여인들의 시선을 곧장 제공한다. 나는 마치 품에 안아주는 듯한 느낌의 그 도시들을 좋아한다.

  나는 울레드 나일[18] 여인들이 춤을 추던 비스크라의 작은 카페를 기억한다. 그 춤들이 엉터리 흉내 춤이었다 해도 그건 그다지 중요하지 않다(다른 곳, 가령 부사아다[19]에만 가도 그보다 훨씬 더 아름다운 춤을 볼 수 있다). 내가 좋아했던 것은 소꿉장난감 같은 스푼을 가지고 바느질할 때 쓰는 골무만한 작은 잔에 커피를 마시는 그곳의 삶이다. 거기에 가면 거의 매일 저녁 취해 있는, 그러나 말없이 취해 있는 어떤 아랍인이 있었다. 그는 위협적으로 크게 팔을 내저으면서 벼락 칠 듯한 시선으로 좌중을 노려보았다. 그러나 이 모든 것이 다 침묵 속에서 이루어졌고 그 때문에 이 무언극이 환각으로 변했다. 급조한 무대에서는 어떤 흑인이 튀어나온 두 눈을 사납게 부라리며 톰톰 북소리에 맞추어 뜻 모를 광란의 몸짓을 해대고 있었다. 어떤 여자 무희가 뒤이어 등장했다. 그녀가 종교적 의식을 행하는 듯한 태도로 머리며 어깨며 엉덩이를 흔들 때마다 피리가 단조로운 곡조를 풀어내서 장단을

---

[18]   Ouled-Naïl. 제2차 세계대전 이전까지 알제리 남부 지역의 밤업소에서 볼 수 있었던 무희 겸 창녀들이다.
[19]   알제에서 남동쪽으로 241킬로미터 떨어진 도시로 알제 해안에서 가장 가까운 오아시스다. '행복의 마을' 또는 '사막의 관문'으로 알려져 있다.

맞추었다. 머리를 흔들 때 그녀의 모습이 가장 아름다웠다. 몸을 완전히 고정시키고 기도를 드리려는 듯이 앞으로 내민 두 손을 크게 벌린 채 관객들 저 너머 아주 먼 곳에 눈길을 박고 있는 그 여인은 무슨 딴 세상의 하늘을 날고 있는 어느 새의 항적을 따라가는 것만 같았다.

그리 멀지 않은 곳에서 아이사와[20] 교단의 신도들이 원시음악 소리에 맞춰 춤을 추고 있었다. 그런데 광란이 극에 달한 나머지 그들은 긴 바늘로 팔이든 뺨이든 가슴이든 가리지 않고 마구 찔러대도 고통을 느끼지 않을 것 같았다. 이처럼 겉보기에 정반대되는 춤들을 어떻게 조화시킬 수 있을까? 고대 그리스 사람들이 디오니소스와 아폴론을, 열광과 아름다움을 조화시켰듯이. 또는 사막의 구름 한 점 없는 하늘에 뒤이어 시로코 바람과 함께 모래 먼지의 회오리가 일어나듯이. 그런데 이 춤들이 내비치는 일말의 관능적인 느낌에도 불구하고 그 춤의 목적은 분명 심미적이라기보다는 종교적이다. 그것은 가장 숭고한 결합을 지향하는 어떤 정신의 합주다. 그러나 아무나 다 그런 경지를 이해할 수 있는 것은 아니니, 대개 사람들은 때로 이해할 수 없는 구경거리를, 때로

---

[20] Aïssawa. 무하마드 벤 아이사(1465~1526)가 모로코에서 세운 신비주의 교단이다. 아랍 세계에서는 가이타(스페인 전통악기) 피리와 합창을 동원하는 그들의 영적 음악이 널리 알려져 있다.

가장 타락한 만남을 즐기는 것으로 만족해야 한다. 알 할라즈[21]의 아름다운 글은 우리에게 가장 동물적인 도취 속에 신의 암시가 숨겨져 있음을, 그리고 우리를 가장 높은 곳으로 이끌어가야 마땅한 것이 우리를 가장 낮은 곳으로 추락시킬 위험이 있음을 말해준다.

어쨌든 얼마간의 시간이 지나고 나면—어느 때나 다 그런 것은 아니고 오직 이방인들의 눈길을 끌려고 추는 춤이 아닌 다른 춤일 경우에—모든 얼굴들이 온통 춤에 열중한 나머지 금방이라도 터질 듯 팽팽해진다. 그리하여 누가 누군지 더는 알아볼 수 없다. 차이도 불평등도 다 사라진다.

"음악이 있는 이 집, 그 집주인에게 물어보라. 이곳이 어떤 집인지……. 마치 저마다 자신에게만 몰두해 있는 세상의 종말과도 같다. 각자가 자신의 쾌락에만 정신이 팔려서 누가 누군지 더 이상 분간이 되지 않는다. 이 사람은 주인인가, 하인인가?"

젤랄 엘 딘[22]은 이렇게 말한다. 하나의 존재가 이 모든 존재들

---

[21] 알 할라즈(858~922). 9~10세기에 활동했던 페르시아의 신비주의자. 코란의 순수한 기원으로 돌아갈 것을 주장하는 많은 저서를 남겼다.

[22] 페르시아의 시인 잘랄 앗 딘 알 루미(1207~73)를 말한다. 그의 대서사시 『마스나위』는 700여 가지 이야기로 수피즘의 교의, 역사, 전통을 노래했다.

을 끌어당겨서 그들로 하여금 이 사실을 다음과 같이 선언하게 하기 때문이다.

"눈으로 볼 수 있는 모든 것과 눈으로 볼 수 없는 모든 것이 바로 너였음을 나는 알지 못했다. 육체들 속에도 영혼들 속에도 그것은 언제나 너였다……."
"이 세상 속에서 나는 너의 표시를 요구하였다. 그 후 나는 이 세상 전체가 너였음을 깨달았다."

그 '너'란 사막의 상징인가, 경계도 없고 구획도 없는 광막한 공간을 신비적인 차원으로 바꿔놓은 것인가? 그러나 이슬람교도들은, 그건 다른 문제라고 생각한다. 그리고 죽을 때 말을 할 수가 없게 되자 그들은 단일성의 세계를 가리켜 보이려고 손가락 하나를 쳐들어 하늘을 가리킨다.

메디나의 밤

세상의 어떤 정신들은 자신의 목적을 향해 곧장 나아간다. 그리하여 어떤 예술가는 비가 내리는 어느 날 튀니스에 도착했을 때 색깔의 마술적 매혹 때문에 진정한 오리엔트와 자신의 첫 만남을 망치지 않아서 천만 다행이라고 좋아했다. 그는 언제나 자신의 생각이 색깔의 매혹 따위와는 무관한 상태이기를 바랐다. 나는 그 무엇에도 구애받아 무뎌지는 일이 없는 그런 지성들의 예리함에 감탄한다. 그렇지만 나는 아무래도 그들을 추종할 수가 없다. 그들 자신도 세계의 표면적 장식이 이른바 세계의 영혼이라는 것 못지않게 이 세계에 본질적으로 중요하다는 사실을 잘 (너무나 잘) 알고 있다. 그들이 이르게 되는 그 확실한 여정의 끝은 어떤 단순화일 수밖에 없다. 마치 수량에는 아무런 변화를 주지 못한 채 영이 될 가망도 없이 약분만 하는 수학적 계산처럼.

지성의 시라고 하는 저 무를 향한 행진이 바로 그런 것이다. 이는 우주를 향해 던진 광대한 그물이니 배 안으로 그물을 당겨 올려 보면 발아래 남는 것은 흥건하게 고인 물뿐이다.

   신비주의자들은 그 왕도를 벗어나 약속이 아니라 행복이 가득한 다른 풍경들로 우리를 이끈다. 때로는 그저 고개를 돌리는 것만으로, 말이 몸을 틀듯 작은 움직임만으로 충분하다고 그들은 말한다. 그러지 않았다가는 우리가 그토록 열심히, 그리도 많은 실망을 맛보면서 찾고 있는 것과 어긋난 옆길로 스쳐 지나가며 일생을 보냈을 수도, 또 앞으로 그렇게 보낼 수도 있다.

⋯⋯⋯

   튀니스에서, 그 아랍의 도시에서, 밤이면 나는 더 이상 앞을 잘 분간하지 못한 채 오직 이 램프 불빛에서 저 램프 불빛으로, 또는 흐린 달빛에만 의지하여 걸어 다니게 되기를 간절히 바랐다. 실제로 나는 길을 잃고 헤맸다. 그러나 어둠에 닿아 그 속으로 빨려 들어가기는커녕 어떤 기이한 충만감과 빛의 느낌을 맛보기에 이르렀다. 하얀 집들이 서로를 끌어당기듯 밀집하여 마치 금요일 날 묘지에 무어인들이 운집한 광경을 연출하고 있는 그 골목들에서 앞을 분간하지 못하고 더듬거렸지만 그래도 아무 상관없었다. 나는 점점 더 자신 있게 앞으로 나아갈 수 있었고 베일들은 하나하나 내 발 앞에 떨어졌다. 이따금 막다른 골목 저 안쪽에서 방망이 두드리는 소리가 들려오곤 했다. 그런데 그게 아니었다. 그것은 고독의 은빛 종소리였다. 그 소리가 내 마음속에 불러일으키는 메아리는 끝없이 이어지고 있었다.

레일라.[23] 다시 말해서 밤. 아랍 사람들은 경건한 마음으로 이렇게 기도를 올린다. 밤, 어느 날 밤. 나는 이런 광경을 상상해본다. 구시가의 흰 벽들을 따라 언제나 제멋대로 뒷걸음질만 하는 유령을 어떤 시인이 신들린 장님이 되어 쫓아가는데, 유령이 그의 귀에 뭐라고 뭐라고 불분명한 말들을 속삭이지만 그 의미는 무슨 샘물처럼 금방 흘러가버린다. 저녁나절 포근한 그늘에 잠긴 무어인 카페들의 정겨움. 사람들은 그곳 돗자리 위에 웅크리고 앉아 기억도 욕망도 없는, 물같이 흐르는 시간을 보낸다. 과거와 미래는 이제 더 이상 의미가 없다. 미친 짓 같아 보이는 쪽은 오히려 부산한 행인들, 의미는 어디론가 사라지고 없고 몸짓만 기계적으로 계속 되풀이되는 무언극 속에서 삶을 낭비하고 있는 사람들의 법석이다.

오늘 내 마음을 온통 사로잡는 것은 밤의 매혹이 아니다. 그 매혹 이상으로 밤은, 즉 영원하고 본래부터 존재하는 실체로서의 '밤'은 우리의 인식을 가로막는 그 밤의 성벽 앞에서도 뒷걸음질

---

[23] Leila. 이슬람 이전 아랍어에서 일 년 중 가장 긴 캄캄한 밤을 의미한다.

치지 않는 자를 처음에는 미지의 어떤 세계 속으로 안내한다. 끊임없이 전진하는 것이 습관인 그가 여기서는 망설이고 뒷걸음질 친다. 고정되고 확실한 거라곤 아무것도 없는 이 광막함 속에서 자신이 쌓아온 경험이 무너져버리지나 않을까 걱정한다. 그러나 만약 그 두려움을 극복하고 결연히 깊은 밤 속으로 내려간다면 그는 평온의 바다보다 더한 것을, 즉 시인들을 흔들어 재우듯 다독여주던 그런 평온의 바다를 발견하리라. 시인들은 그 바다에서 마음이 통하는 곳을 찾아냈고 그리하여 노래했다. "내가 사랑하는 존재요 나를 사랑해주는 존재인 물과 구름과 침묵, 그리고 밤을 그대는 사랑하게 되리라." 그렇다, 바로 그거다. 아랍과 페르시아의 시인들이 노래하는 그 모든 것, 즉 소리 내며 흐르는 샘물, 빛나는 별, 서늘한 타일이나 물 같은 것들은 오늘밤 우리와 상관없다. 그런 것들이 아무리 아름답다고 해도 우리에게는 상징으로밖에 보이지 않는다. 그리고 실제로 오리엔트는 그런 것들을 상징으로밖에 제시한 적이 없다.

'밤'은 우리에게 '통일성'을 깨닫게 해준다. 밤은 낮이 뚜렷하게 한정하고 서로 갈라놓은 존재들을 통합하고 혼합한다. 빛은 실낱 같은 질투의 기미처럼 슬며시 사물들 사이에 끼어들어서 우리로 하여금 그것들이 서로 관계가 없다고 믿게 만든다. 그러나 밤이 되면 사물들은 마치 위험에 처한 배에 함께 탄 승객들처럼 한 덩어리가 된다. 그와 동시에 밤은 그토록 오랫동안 우리에게 감추어져 있었고 우리가 사력을 다해 찾고 있었던 것을 드러내 보여주는데, 메디나[24]의 골목길을 헤매고 다니며 우리가 인간보다 더 거대한 그 무엇에 다가가고 있다고 상상하게 되는 것은 바로 그 밤을 통해서이다. 하지만 밤이 과연 그렇게까지 필요한 것일까? 자기 자신보다 더 거대한 그 무엇 속으로 기꺼이 빠져들어가 길을 잃었던 모든 사람들. 자신에 대하여 품고 있는 열광적인 이미지를 결코 '현실로 만들지' 못하리라 여길 정도로, 또 타자들 속에서도 존재하는 것이나 존재하지 않는 것 속에서도 그 이미지의 그림자에 도달하지 못하리라 여길 정도로 자신을 사랑했던 모든 사람들. 이들은 모두 그 과도한 에고이즘 때문에 잘 익은 석류처럼 터져 사방으로 흩어져버린다. 그들은 스스로를 '절대'로 여길 만큼 고독과 자기애에 취해 있다. 생긴 모양 그대로의 자신으로 족하다고 믿는 그들은 자신을 별로 사랑하지 않는다.

형이상학적인 현기증에 사로잡히면 인간은 자신의 인간조건을 의심한다. 현재 있는 그대로의 자기 자신은 더 이상 어느 것 하나 중요하지 않다. 이 극단적인 헐벗음의 상태들을 거쳐야 비로소 무가 무엇인지 알게 된다. 그런 다음에 어떤 사람들은 부조리에 내기를 걸고 스스로 아무런 믿음도 갖고 있지 않은 광란의

---

[24] Médina. 아랍어로 '도시'를 뜻하는데, 여기서는 북아프리카 전통 도시의 중심부를 가리킨다.

행동에 몸을 던진다. 그들은 인간의 불가능한 변화를 꿈꾼다. 그리고 적어도 삶을 변화시키려고 노력하는 동안은 죽음을 잊는다. 그러나 의식이 맑아지는 순간이 되면 그들은 자기가 하나의 허무를 다른 허무와 맞바꾸었을 뿐이라는 사실을 잘 안다. 그들은 마치 게임의 규칙을 무턱대고 바꾸어보지만 계속해서 잃기만 하는 도박꾼과도 같다.

또 다른 사람들은 자신들의 공허를, 자신들의 몸 한편에 입을 벌리고 있는 상처를 즉석에서 메우고자 한다. 인간이 하는 일 가운데 그 어떤 것도 그들의 눈에는 단 한순간의 관심도 기울일 만한 가치가 없어 보인다. 모로코의 집들을 보면 의도적으로 지붕에 돌 하나가 부족하게 만들어놓고 인간의 손으로 만든 것은 언제나 다 한계가 있음을 표시하고 있는데 그들은 그걸 보고 감탄해 마지않는다.

그 점을 부정하기보다 인정하는 편이 더 낫다. 인간은 그 자체로 충분한 존재가 아니니까. 한 걸음 더 나아가기 위해서, 그리하여 그 부족한 빈 부분에 해당하는 충만을 다른 곳에서 찾기 위해서 그 점을 인정하는 편이 낫다. 그리하여 나는 가끔 밤 산책을 할 때면 예언자의 소맷자락 한 끝을 붙잡은 듯한 느낌에 사로잡힐 때가 있었다.

예언자는 이렇게 말한다. "아브라함은 밤이 그를 어둠으로 에워쌌을 때 어떤 별을 보고 여기 나의 스승이 계시구나 하고 소리쳤다. 그러나 별은 사라졌다. 그러자 그는 말했다. 나는 사라지는 것들은 좋아하지 않아.—또 달이 뜨는 것을 보자 이렇게 말한다. 여기 나의 스승이 계시구나. 그리고 달이 지자 소리쳤다. 나의 진정한 주님이 인도해주지 않으셨다면 나는 또 길을 잃었을 거야.—그는 해가 떠오르는 것을 보자 이렇게 말한다. 이분이 나의 스승이시다. 이분은 아주 위대하시다. 그러나 해가 지자 소리쳤다. 오, 나의 백성들아! 그대들이 역설하는 우상숭배에 대해서 나는 아는 바 없노라."

마호메트의 회피란 바로 이런 것이다. 그는 빛에 등을 돌리고 모든 사람들의 눈에 명백히 보이는 것을 외면한 채 밤을 향해 몸을 돌려 그 속에서 가장 깊은 존재의 이유를 발견한다.

사람들이 길을 잃고 헤매는 그 어둠 속에서 새로운 빛을 향하여 확실한 걸음을 내딛는다. 처음에는 그만이 유일하게 알아보지만 결국 그가 온 백성들의 눈에 다 보이도록 만드는 그 빛을 향하여. 모든 위대한 사람들이 처음에는 유형流刑과 고독 속에 살 수밖에 없었지만 결국은 그들의 꿈과 계시를 믿게 만들고 마는 것은 참으로 기이한 일이다. 이런 기이한 현실이 모습을 드러내는 것은 바로 이런 식이니, 문 밑의 틈으로 빛이 새어들어 오고 있어도 낮에는 그 빛을 알아보지 못하지만 도시의 불빛들, 하늘의 불빛들, 특히 우리의 욕망이 언제나 뜨겁게 뿜어내는 불들이 다 꺼지고 나면 비로소 빛이 살아나 광채를 발하는 것과 다르지 않다. 그러므로 그런 시간들에는 인간이 유령의 무리 속에서 살아 꿈지럭거리는 유령의 상태에 불과해 보이고 모든 것이 부재하니 오직 하나의 존재만이 중요한 듯 보인다.

하드리아누스 황제의 별장

로마와 티볼리[25] 사이의 그 들판은 아름답다. 사비니 산맥 기슭에 부채꼴 모양으로 펼쳐진 그 들판은 고대에 그토록 많은 시인들이, 그리고 더 가까운 과거에는 그토록 많은 화가들이 거쳐 가며 지난날 뜨겁게 달아올랐던 곳이다. 그러니 어찌 그들의 삶에 대해 향수를 느끼지 않을 수 있겠는가? 그들을 알았고 부러워했던 어떤 사람은 이렇게 썼다. "나도 예술가로 태어났으면 얼마나 좋을까. 폐허와 걸작품들 가운데서 맛보는 고독, 자유, 햇빛……." 내게 이 말은 어떤 직접적인 언어로 와닿는다.

이 말이 어느 때보다 더 실감되는 것은 바로 티볼리에 앞서, 우

---

[25] 로마에서 북동쪽으로 44킬로미터 떨어진 고도. 로마 제국 시대에 여름 휴양지로 인기가 있어 부유한 로마인들이 이곳에 별장과 작은 신전을 많이 지었다. 1세기경의 하드리아누스 황제의 별장도 있다.

리의 마음을 끄는 동시에 실망을 시키는 그 기이한 폐허를 찾아가볼 때이다. 언덕 위에 무용하게 서 있는 거대한 붉은 벽, 초원 한가운데에는 대리석 수영장, 건물들, 주랑들, 이어지는 방들과 장방형의 뜰, 경기장, 바실리카 회당, 극장, 님프의 동굴, 대욕장들, 테라스들. 그런데 그 모든 것이 서로 다른 발상과 대조적인 양식들로 되어 있다. 지난날 문이었거나 계단이었던 곳을 넘어서 들어가노라면 마치 시리아에서 그리스로, 그리스에서 이집트로 옮겨가는 느낌이고, 갑자기 로마로 되돌아오는 느낌이다. 책들을 읽어보면 이 혼합적인 전체가 바로 '의도적으로' 그렇게 만들어놓은 것임을 알 수 있다. 그 전체는 여러 문명들이 '본의 아니게' 쌓이고 쌓여서 만들어진 그 많은 명소들과는 다르다. 가령 페이시스트라토스, 페리클레스, 로마인들, 프랑크 제후들, 투르크의 파샤들이 차례로 소유했다가 마침내 고고학자들의 손으로 넘어온 아크로폴리스, 또는 로마 제국의 광장이 되기 전에는 장터요 방목지였으며 위베르 로베르의 그림이 '캄포 바치노'의 특징적 모습으로 우리에게 상기시키는 포룸[26]은 바로 그런 명소들의 예라고 하리라. 그런데 그런 명소들과 달리 오늘날 황폐해진

---

[26] Forum. 로마의 카피톨리누스 언덕과 콜로세움 사이의 지역을 말하다. 이곳은 18세기까지도 '비어 있는 지역'이라는 뜻의 '캄포 바치노'(Campo Vaccino)라고 불렸다. 화가 위베르 로베르(1733~1808)는 폐허를 모티프로 한 로마의 풍경을 주로 그려서 '폐허의 로베르'라고 불렸다.

이 고원은 어느 황제의 변덕으로 말미암아 여러 가지 잡다한 건축물들로 뒤덮이게 된 것이다. 하드리아누스 황제는 그가 감탄의 눈으로 바라보았던 건축물들을 모방하여 기념물들을 세우기로 마음먹었다. 그는 좁은 공간 안에 학교, 아카데미, 원로원, 아테네의 회랑, 카노푸스[27]의 세라피스 신전, 샹젤리제의 타르타로스 지옥, 템피 계곡[28](이 계곡은 흐르는 시냇물 모습으로 나타냈다) 등 이교도의 것이면서도 웅대한 발상의 건축물들을 모두 한데 모아놓았다. 그러나 이 건축물들의 폐허는 아름답다. 그러나 이곳에서 발굴해낸 조각상과 모자이크 들은 수많은 박물관과 고대 수집품의 바탕이 되고 있다. 이곳은 각 세기마다 사람들이 차례로 들어가서 꺼내오는 걸작품들의 보고라 할 수 있다. 어쩌면 이론의 여지가 있는 취향의 기이한 혼합이며 수집이라고 할 수도 있겠으나 얼마나 대단한 매혹으로 상상력을 자극하는가! 그리고 가장 기상천외한 공동묘지를 구성하는 이 모든 기둥들, 반월형 후진들, 벽감들, 연못들 구경에 그만 지쳐서 자신의 주위를 둘러보노라면 뒤죽박죽으로 널린 이 동양적 호화판은 어디로 증발해버리고 그 자리에 로마의 청명한 하늘이 펼쳐진다. 어느 아마추어 예술애호가의 호기심이 조각조각 흩어놓았던 통일성을 대자

---

[27] 현재 아부키르 근처에 있었던 고대 이집트의 도시국가.
[28] 그리스 테살리아 지방의 올림포스 산과 오사 산 사이에 있는 계곡.

연이 재창조한다. 저쪽 한끝에 도시의 모습이 눈에 들어오는 넓은 평원은 햇빛을 받으며 미동도 없이 졸고 있다. 그러나 평원 저 위에는 화본과禾本科 식물들이 숨을 쉴 때 뿜어내는 것만큼이나 가벼운, 알 수 없는 안개 같은 것이 떠돌고 있다. 다른 한쪽에서는 올리브 나무들이 숲을 이루어 사비니 산의 중턱에서 티볼리 폭포들에 이르기까지 뻗어 오른다. 시프레 나무들의 깔끔한 그림자가 또렷한 선을 그어놓고 있어서 존재들도 형태들도 그 선에서 한 치도 벗어나지 못한다. 그 풍경 속에 담긴 폐허들은 내게 북아프리카를 생각나게 했다. 내가 보는 북아프리카는 바로 그러하다. 마치 누대에 걸친 이민자들, 여행자들, 그리고 정복자들이 차례로 흥망성쇠를 거듭했던 이스탄불의 대시장[29]이 그렇듯이. 가장 호화로운 카펫들과 가장 보잘것없는 채색유리 세공품들…… 귀족과 거지, 서로 대조되는 그 모든 것들……. 그러면서도 역시, 그리고 언제나, 어떤 부의 합류점이며 어떤 꿈들의 복합체. 하드리아누스 황제의 별장은 바로 알제리다.

지금껏 보존된 가장 아름다운 로마의 도시들, 길들여지지 않은 산속의 카빌리[30] 마을들, 틀렘센과 같은 성스러운 도시들, 야심만

[29] 터키 이스탄불의 명소인 그랑 바자르. 15세기에 형성된 세계에서 가장 크고 오래된 실내시장이다. 터키 말로는 '카파르 차르쉬'(지붕 있는 시장)이다.
[30] 알제리 동북부 지중해에 면한 지역으로 동쪽과 서쪽은 평원이고 남쪽은 험준한 고원이 있다. 베르베르족의 전통과 문화를 지닌 카빌족이 모여 산다.

만하고 요란한 프랑스 항구들은 엉뚱하고 당황스럽게 하지만 귀중한 모자이크를 만들어낸다. 어떤 사람들은 진정한 알제리는 로마인들의 알제리이기를 바라고, 또 다른 사람들은 아랍인들의 알제리, 마온[31]의 장인들과 시칠리아 어부들의 알제리이기를 바란다. 모두가 다 옳다. 또 그들이 깜빡하고 잊은 게 더 있다. 이 나라는 누구의 것도 아니어서 모든 사람들을 받아들인다. 토가를 연상시키는 두건 달린 겉옷인 뷔르누[32]를 걸친 원주민이, 고대의 기둥들로 지은 모스크 사원의 그늘진 곳에서 기도하는 모습을 보고 너무 놀라지는 말자. 지혜로움을 자부하는 사람들, 소리없이 추수하는 이의 낫질 소리를 유일하게 들을 수 있는 사람들이 이 잡다한 것들로 인해 기분 상하는 일은 없어야겠다. 그 추수꾼이야말로 가장 다양한 이삭들을, 그리고 더불어 들판의 꽃들, 풀 속에 숨어 있는 벌레들, 그가 부지불식간에 해치게 될 그 모든 생명들을 얼마나 순식간에 쓰러뜨렸겠는가! 아랍 속담이 말하듯 눈꺼풀과 눈의 거리보다 세상 만물에 더 가까이 도사리고 있다는 그 추수꾼[33]이 말이다.

  존재하는 모든 것은 그것이 지닌 존재하는 힘 그 자체로 인하

---

[31] Mahón. 스페인 발레아레스 군도 중 가장 큰 섬인 메노르카의 수도.
[32] burnous. 소매가 없고 두건이 달린 아라비아풍의 외투.
[33] 모든 생명 있는 것들(곡식 이삭, 들꽃, 풀벌레 등)을 가리지 않고 다 쓰러뜨리는 죽음의 신을 낫질하는 추수꾼에 빗대어 표현한 것이다.

여 얼마나 아름다운가! 너무 선택하려고 들면 안 된다. 우리들 스스로가 선택된 존재가 아니므로. 이것과 저것 중에서 오직 한 가지만 원하면 안 된다. 우리들 자신이 유일한 욕망의 대상이 아니므로. 발굴 작업장에서 우리에게 차례로 건네주는 것들 가운데 모양이 온전치 않다고 해서 대리석 조각들을 내던져버려야 할까? 한데 합쳐보면 그것들은 어쩌면 하나의 기둥, 하나의 조각상을 이룰지도 모른다. 채색된 네모의 작은 조각이 어떤 모자이크를 만들지도 모른다. 최악의 경우 아무짝에도 쓸모없고 한데 합치는 것도 불가능할 수 있다. 그때 그것들은 인간의 삶과 비슷한 어떤 이미지를, 그리하여 어느 순간에는 가장 순수한 아름다움보다 더 감동적인 이미지를 만들어낼 것이다.

시디부사이드[34]까지 갔던 사람들, 튀니스 만이 내려다보이는 꽃 핀 테라스에서 잠깐 동안이라도 살아보는 행복을 맛본 그 사람들은 부조화스럽고 잡다하면서도 의미로 가득 찬 것들이 주는 그 복합적인 감동을 느낄 수 있었으리라. 이 순수한 아랍 마을은 특유의 전통시장들, 구멍가게들, 궁전들, 그리고 이슬람 사원들이 함께 어우러진 바로 가까이의 대도시를 연상시킨다. 또 그

---

[34] 튀니지의 수도 튀니스에서 북동쪽으로 20여 킬로미터 지점에 있는 작은 항구. 튀니스 만을 내려다보는 가파른 언덕 위에 자리하고 흰색과 푸른색의 도시 경관이 지중해와 조화를 이루어 풍광이 빼어나다. 파울 클레, 앙드레 지드 등 유럽의 많은 작가와 예술가들이 이곳을 찾았다.

향기가 더욱 자극적으로 발산되도록 파르마 바이올렛 꽃다발처럼 한데 묶어놓은 그 모든 몽환극의 세계를 연상시킨다. 그러나 그들은 유럽의 도시도 보았다. 그 도시에서는 반대로 상당히 넓은 거리들을 조성해놓고 그곳에 살고 있는 다양한 민족의 사람들이 제멋대로 서로 뒤섞일 수 있게 했다. 외부세계와 미래를 향해 활짝 열린 도시, 그것은 한마디로 거대한 흡입펌프 또는 으깨어 한데 뒤섞는 믹서이다. 그리고 그들은 이제 막 카르타고의 옛 폐허, 로마의 폐허와 그 시대 기독교의 바실리카 회당을 돌아본 것이다. 이 모든 불협화음 앞에서 어리둥절해진 채 이 다성음악의 테마들 가운데 이쪽을 택해야 할지 저쪽을 택해야 할지 몰라 주저하며 그들은 해 지는 저녁 시디부사이드의 망루에서 발걸음을 멈추었다. 눈앞의 풍경은 이스탄불의 정상에서 바라보는 보스포루스 해협을 상기시킨다. 바다의 태평스러운 무심함, 느긋하게 떠올라 저의 제국을 품에 넣는 장엄한 달빛. 가장 일반적이되 가장 모호하지 않은 표현이, '위대함'과 '정확함'으로 가득 찬 이 광경에 잘 어울릴 것이다. 지중해의 정의는 바로 이런 게 아닐까? 마치 어린아이가 단 하나의 그림으로 한 세계를 만들듯이 영원을 암시하는 어떤 간결함. 그리고 우리의 눈 아래서 기지개를 켜며 호수와 만 사이의 케레딘과 막수라[35]를 하나로 잇는 저 흰빛

---

[35] 튀니스 만과 튀니스 호수 사이의 해안가를 따라 자리한 두 도시.

해안은 이 순수함에 좀 지나치게 여성적인 매력을, 오리엔트의 냄새가 풍기는 꿀맛 같은 것을 보탠다.

········

그대는 다르 자루크[36]의 밤들을, 달빛이 바다의 수면에 거품 같은 빛을 뿌려놓던 그 투명한 밤들을 기억하는가. 그 많은 폐허들 위에, 그 많은 추억들 위에, 그 많은 살아 있는 존재들과 그 많은 희망들 위에 시간이 멈추어 있었다. 눈 속에, 마음속에 모든 형태를 만들어내 보였던 그 풍경에서 무엇인가 피어오르고 있었다.

그런데 과연 그 '무엇'이란? 나는 감히 거기에 이름을 붙이지 못하겠다. 그것은 그토록 많은 세기의 시간이 흐르도록 아무도 듣지 못했던 어떤 목소리일까? 내가 그 풍경 속에서나 그와 유사한 다른 몇몇 풍경들 속에서 그토록 좋아했던 것이란 대체 무엇일까? 장엄함일까, 태평함일까, 조화로움일까? 그럴지도 모른다. 그렇다면 이 쾌락의 욕구, 이 갈증은 또 무슨 까닭일까? ─ 아니면 무관심일까? 하지만 떠나는 순간에 흔들어대는 손짓 같은 이 불안감은 무슨 까닭일까? 그리고 왜 이 모든 것이 나의 지극한 행복감을 만들어내는 것일까?

---

[36] Dar Zarrouk. 튀니스의 메디나에 위치한 자루크 귀족 가문이 살던 대저택.

이는 아마도 과거의 모든 형태들의 무게, 이 테라스들 위에 떠도는 모든 꺼져버린 욕망들의 윤곽이리라. 우리가 때로 손에 와 닿았다고 여기는 이 절대의 감정, 이 삶의 충만감이란 아마도 속이 텅 비어 있긴 하지만 오랫동안 매만져온 어떤 꽃항아리 속의 향기에 불과한 것이리라. 형태들이 아니라 그림자들, 목소리들이 아니라 메아리들. 지금 여기서 어떤 정신의 현기증을 일으키는 것은 바로 재, 다시 말해 만져지지 않는 어떤 빛 아래 그토록 얇게 쌓이고 쌓인 재인 것이다. 과거라는 우물은 너무나 깊어서 몸을 구부리고 들여다보아도 소용이 없고 돌을 던져보아도 떨어져 닿는 소리가 들리지 않는다. 그러니 우리는 여기 그냥 멍 하니 서서 우물 안 벽에 달라붙은 기이한 식물들, 바닥에서 올라오는 온갖 서늘한 기운들, 그리고 어쩌면 저 깊은 곳에서, 누가 알겠는가? 혹시나 무슨 부르는 소리가 들리지나 않을까 하고 기다리는 물에 대한 생각에 잠긴다. 그렇다면 그토록 서로 다르고, 그토록 돌이킬 수 없이 하나하나 죽어간 것들에서 어떤 부르는 소리가 올라와서 단 하나의 목소리로 섞일 수 있는 것인가?

　문득 아주 젊은 그 안달루시아 출신의 청년이 생각난다. 그는 어느 보잘것없는 '사르수엘라'[37] 극장에서, 모든 관객들이 다 퇴

---

37 ___ zarzuela. 17세기에 처음 생겨난 스페인 오페라의 한 장르로 극적 행동과 오케스트라와 노래와 대화가 한데 섞인 극예술이다.

장하고 난 뒤에도 무대를 향해, 너무나 복잡한 혼합 양식인데다가 고르지 못한 공연물이라서 딱히 꼬집어 말할 수는 없으나, 이미 끝나 사라져버린 그 무슨 알 수 없는 동작들·억양들·시선들을 향해, 고개를 돌린 채 꼼짝도 하지 않고 서 있었다. 극장 문을 나서자마자 다른 이들은 각자 자신의 일과 쾌락과 걱정거리에 다시 빠져들었다. 그런데 그는 여전히 미동도 하지 않은 채 이제 막 저물어가는 저녁의 어둠 속에 서 있었다. 나는 그가 잠이 들었는지 깨어 있는지 알고 싶어서 가까이 다가가 보았다. 그러나 그는 세상의 아름다움에 정신이 팔린 나머지, 자신이 들은 온갖 음악의 메아리가 되고만 장님처럼, 행복감에 온통 젖어서 헤어나지 못하고 있었다.

이탈리아

...

인간은 자신의 '척도'에 맞는 삶을 찾아야 한다.
그리고 찾았다면 그 삶을 버려야 한다.
자신에게 꼭 맞는 삶이란 없으니 말이다.

...

로마의 평원에서

나는 샤토브리앙이 달빛을 받으며 로마의 거리를 정처 없이 거닐던 그 크리스마스의 밤을 즐겨 머리에 떠올려보곤 한다.

"종말을 맞아 아무도 살지 않는 곳으로 여겨지는 이 달님은…… 로마의 고독 저 위로 그의 창백한 고독을 이끌고 간다. 달님은 인적 없는 거리들, 담장에 에워싸인 땅들, 광장들, 지나가는 이 아무도 없는 정원들, 더 이상 수도자들의 목소리가 들리지 않는 수도원들, 콜로세움의 회랑들만큼이나 텅 빈 수도원들을 비추고 있다……."

샤토브리앙, 또는 그런 부류의 수많은 다른 사람들은 이처럼 고독의 감정에 흠뻑 젖어 취한 듯 여행한다.

"나는 미칠 만큼 고독을 좋아한다." 그들 가운데 어떤 이가 말하곤 했다. 그들은 자신의 주변을 둘러싸고 있는 것이 무엇이든, 누구든 상관없이 늘 똑같은 이 노래를 혼자 부른다. 단조롭긴 해도 그들이 살아가는 데, 삶이라는 꽃을 따는 데 도움이 되는 노래다. 스페인 사람들은 여기에 '고독'이라고 썩 잘 어울리는 제목을 달고 자신들을 위하여 스스로 곡을 붙인다.[1] 견딜 만한 직업이란 일하면서 콧노래를 흥얼거릴 수 있고, 하는 일 속에 내밀한 시를 섞어 넣을 수 있으며, 어떤 주어진 일을 스스로의 의지로 창조할 수 있는 직업이 아니겠는가?

그러나 이런 모든 '고독한 산책자들'은 식물들과 마찬가지로 과거 속에서 잘 삭힌 부엽토, 즉 곁에 함께 있어줄 상대가 필요하다. 여행자를 압도하는 저 엄청난 과거의 무게를 덜어낸다면 과연 로마의 매력이 그토록 강렬할 수 있겠는가? 모든 것을 테베레 강과 폰티노 습지로 환원시켜버린다면 로마의 풍경이란 고작 그곳에 비치는 빛과 그곳의 황폐함으로 겨우 사람들의 마음을 끌어당기는 게 전부일 터다. 그러나 지금, 거리에 사람이 아무도 없다고 하더라도, 로마는 아마도 세계에서 우리가 가장 덜 외롭다고 느낄 수 있는 도시다.

하루의 첫 새벽, 완벽히 홀로인 채 팔라티노 언덕[2]의 부러져 누

---

[1] 1613년 시인 공고라(Luis de Góngora y Argote, 1561~1627)는 전체 4부(들의 고독, 바닷가의 고독, 숲의 고독, 사막의 고독)로 구성된 유명한 시 「고독」(Soledades)을 구상하여 첫 2부를 썼으나 뒤의 2부는 미완성으로 남았다.

워 있는 기둥들 사이를 거닐면서도 런던의 피카딜리 광장이나 대도시의 가장 번화한 거리에서보다 더 많은 것들에 둘러싸여 있는 느낌을 받을 수가 있다. 회랑들과, 분수들과, 신전들과, 하늘과 친밀하면서도 동시에 고상한 그 무슨 알 수 없는 대화가 시작되는 것이다. 그리하여 이런 식으로 몇 시간이고 며칠이고 머물 수 있을 것 같은데……. 우리는 절대로 혼자일 수가 없다. 함께 있을 상대를 선택하는 것은 우리의 몫이다. 로마보다 함께할 상대가 더 많고 다양한 곳은 없다. 스페인 광장에 서 있노라면 카사노바가 꽃집 아가씨와 같이 살았던 아파트가 생각난다. 이렇게 눈만 돌리면 어디서나 어떤 추억이, 아니 어떤 존재가 눈앞에 되살아난다. 황제들의 로마, 교황들의 로마, 이탈리아의 로마가 바로 앞에 줄지어 나타난다.

아침이면 바티칸 성 베드로 성당의 그레고리오 미사, 저녁이면 하드리아누스 황제의 대욕장에서의 음악회. 하루 종일 대리석의 하얀 빛, 밤새도록 분수의 물 흐르는 소리. 우리는 살아 있는 사람들과 같이 있을 때 더더욱 혼자임을 느낀다.

우리는 외면의 허물을 벗어던질수록 사람들과 함께 지내는 것보다 동물들과 어울려 지내는 것이, 그리고 시간이 지날수록 나중에는 세상의 그 어떤 존재보다 식물들과 함께 지내는 것이 더

2 　로마의 발상지인 이곳은 황제의 궁전과 귀족들의 거주지가 무수히 많았다.

좋아진다. 숲은 한 생애 전체에 화두를 제공할 수 있다. 그러나 우리에게는 근원적인 삶과 제아무리 거리가 먼 것이라 할지라도 어떤 '증인'이 필요하다. 프리미티프[3] 화가들의 그림, 조토의 프레스코 그림 그 어디에나 다 찾아볼 수 있듯이, 미동도 하지 않고 베일에 가려진 채 저만큼 떨어져서―그러나 우리를 바라보고 있는 그 증인 말이다. 가장 깊숙한 사막의 고행자들에게까지도 그들의 십자가를 통해서 모시고 있었던 증인. 혹시 속내를 털어놓을 말상대 하나 없고 고해신부 하나 없다고 가정할 때, 우리는 어떤 풍경 하나로 만족할 수밖에 없다. 이때 그 풍경은 아무런 움직임이 없다는 그 특징으로 말미암아 관객 역할을 할 수 있는 것이다.

세인트 헬레나에 유폐된 나폴레옹은 가없이 넓은 바다 앞으로 보이는 벌거숭이 바위 위에서 자신에 대하여 스스로 증언함으로써 위대함을 과시한다.

샤토브리앙 같은 사람은 다른 누구보다 더 웅변적으로 그런 예를 보여준다. 티볼리에서 그는 어떤 묘비명을 따라 읽고 나서 이렇게 말을 보탠다.

---

[3] 19세기에 처음 등장한 명칭으로 15, 16세기 부르고뉴 전성기 경제적 번영에 힘입어 크게 발전했던 브뤼주, 갠트, 브뤼셀 등 옛 남부 네덜란드 지역에서 활동했던 플랑드르 화가들로 얀 반 에이크, 한스 멤링, 제라드 다비브, 히에로니무스 보스, 브뤼헐 등이 대표적이다.

"이보다 더 헛된 것이 어디 있으랴? 어느 돌을 들여다보니 산 자가 죽은 자에게 전하는 애석한 마음이 새겨져 있구나. 이번에는 그 산 자 또한 죽었고, 그 후 이천 년의 세월이 지나 찾아든 나…… 버려진 은거지에서 이 묘비명들을 뜯어읽고 있나니, 애도의 눈물을 흘리는 이에게도 그 애도의 대상이 되었던 이에게도 무심한 나, 내일이면 나 또한 이곳에서 영원히 멀어지리니. 그리고 머지않아 이 지상에서 영영 사라지리니."

그러나 그도 말은 그렇게 하지만 소용없다. 그의 전 생애와 작품 전체가 그 말과 정반대라는 사실을 증명하고 있으니 말이다. 아니, 그 어떤 예술가의 생애나 작품이든 다 마찬가지다. 그가 아무리 절망했다고 해도 그에게는 그 절망의 증인이 필요하다. 따지고 보면 예술작품의 목적 자체가 그것 아니겠는가? "나는 증언하기 위하여 왔다"고 작가는 말한다. 당신의 가슴을 짓누르는 그 무게를 제거해주기 위해서라고 말이다. 그가 우리의 병을 치유해주지는 못하지만 우리의 병을 지켜봐주었다는 점에서 그에게 고마움을 느낀다. 우리는 고통을 겪지만 동시에 그 고통이 남들에게 알려지기를 바란다.

죽은 사람 그 자신들이 산 사람들을 증인으로 삼는다. 그들은 우리에게 이렇게 경고한다.

"내 곁으로 무심히 지나가는 그대 길손이여, 미안하지만 그대 또한 그렇게 걸어가 봐야 소용없으리라. 그대는 반드시 이곳으로 돌아오고 말 테니."

그들은 또한 신의 이름으로 우리에게 알려준다. 그러므로 우리가 만약 로마의 길가에 늘어선 묘비명들을 읽을 줄 안다면 한 걸음 한 걸음 내딛을 때마다 자신이 인류 전체와 맺어져 있음을 느끼리라.

"나는 한 생애를 살았다. 그리고 나보다 앞서 다른 젊은 처녀들이 살았다. 하지만 이것으로 충분하다. 이 묘비명을 읽은 사람은 자리를 뜨면서 이렇게 말해야 할 것이다. 이곳에 잠든 크로신이여, 그대를 덮고 있는 땅의 흙이 부디 가벼워지기를. 그리고 땅 위에 살아 있는 그대, 행복하시라."

그 어떤 원망의 마음도 없이, 위대한 감정의 고귀함뿐이다. 왜냐하면 자기 자신에 대해서는 입을 다물고 다른 사람들이 복 받기를 바라는 것이야말로 고귀함 그 자체니까. 끝없이 자기 권리를 주장하는 그런 정신의 기색은 조금도 보이지 않는다. 그런 정신이 만약 정당화된다면 우선 불평하는 그 사람부터 망쳐놓을 것이며 만약 부당한 것이라면 야비함의 표시이리라. 오늘의 눈으로 보면 부모가 두 살 때 죽은 아이의 무덤에다 이런 말을 새길 생각을 한다는 것은 놀랍기만 하다.

"이 비문을 읽게 될 너, 살아 건강하게 지내거라. 삶이 다하는 날까지 사랑하고 사랑 받거라."

어느 젊은 처녀는 지나가는 사람에게 자신의 유골을 욕되게 하지 말아달라고 간청한다. 파테르누스라는 이름의 어떤 사람은 자기 아내가 "대단히 정답고 대단히 정숙하며 대단히 보기 드문", "더할 수 없을 만큼 매력적이고 소박한" 사람이었노라고 칭찬한 다음 이렇게 말한다.

"나는 우리가 서로를 얼마나 사랑했는지 이 비문을 읽는 이가 알아주기를 바라는 마음에서 이 칭찬의 말을 덧붙였노라."

미래에 찾아올 사람들에게 이 같은 너그러움, 이 같은 믿음을 드러낸다는 것은 어이없기도 하고 감탄스럽기도 하다.

오늘날에는 옛 로마인들이 길을 가면서 읽을 수 있었던 그런 묘비명은 더 이상 볼 수 없으며 옛날에는 눈길만 주면 누구나 쉽게 읽을 수 있었던 것을 어려운 서적들의 힘을 빌려 겨우 이해할 수 있다는 것은 심히 유감스런 일이다.

나는 다시 라테라노 바실리카 성당에서 알바니 산에 이르는 평원을, 지난날 황폐했었고 지금도 어지간히 황량한 모습인 그 광막한 공간, 그리고 오후가 되면 보라색 라일락 빛깔로 물드는 그 평원을 생각한다. 아! 아피아 가도[4]를 따라 늘어선, 이끼가 자라 틈이 벌어진 그 석판들을, 그리고 햇빛 잘 드는 그 무덤들의 고독

---

[4] 기원전 4세기에 건설된 고대 로마의 가장 중요한 왕도. 로마에서 이탈리아 동남쪽 브린디시까지 무려 500킬로미터에 걸쳐 뻗어 있었다. 오늘날에 남아 있는 로마 근교의 일부 가도를 따라 많은 무덤들과 초기 기독교도들의 카타콤베 유적들이 늘어서 있다.

을 제 그림자로 더욱 두드러지게 하며 드문드문 늘어서 있는 그 파라솔 소나무들을 나는 얼마나 사랑했던가!

기독교 신자인 내가 써늘한 지하묘지를 보고 가슴이 저렸던 것은, 그리고 카이킬리아 메텔라의 무덤[5]을 보고 마음이 밝아진 것은 어찌된 일일까? 그러나 나는 가톨릭교도이기 때문에 기독교 신자다. 또 가톨릭교도란 로마인임을 뜻하는 것이기도 하다. 인간, 나는 그게 무엇인지 모른다. 로마에서 나는 나에게까지 이어져 온 모습 그대로의 인간을 다시 만나고 인간의 뿌리와 토양을 다시 발견한다. 그리하여 기독교도는 로마인과 그리스인을 뒤따를 뿐이다. 그들 중 하나라도 빠진다면 나는 과연 무엇이 될까?

살아 있는 어떤 사람이 하는 말은 무엇이건 다 힘들거나 무용하다고 느껴지는 그런 순간에, 무덤 저편에서 말을 걸어오는 이와 함께 있다고 생각하면 마음이 따뜻해진다. 그래서 누구든 보쉬에의 말처럼 "자신의 삶과 죽음 사이에 어떤 간격을 두고" 싶은 사람[6]은 이곳에 와볼 필요가 있다.

분명 이 묘비명들은 유식한 문학, 더군다나 독창적인 문학의

---

[5] 아피아 가도의 가장 유명한 유적지 가운데 하나. 카이킬리아 메텔라는 기원전 1세기경 로마의 집정관을 지낸 퀸투스 카이킬리우스 메텔루스의 딸이자, 율리우스 카이사르 휘하 장군이었던 마르쿠스 리키니우스 크라수스의 아내였다. 유력한 귀족 가문의 영묘답게 규모가 크다.
[6] 자신의 삶과 죽음에 대하여 깊이 성찰하고자 하는 사람.

축에 들지는 못한다. 오늘날에도 여전히 묘비명 새겨주는 업소에 가면 가족들이 느끼는 고통을 잘 표현해주는 글귀를 고를 수 있게 서식 모음집이 비치되어 있음을 우리는 알고 있다. 그러나 오직 "하늘나라로 간 천사"(어린아이의 경우)나 "모든 것이 다 지나가도 추억은 남는다"(어른의 경우) 같은 표현들뿐이다. 나로서는, 비록 널리 퍼져서 수천 번씩 써먹었다고 해도 어느 여인의 이런 추모비가 더 좋다. "그녀는 자기가 사랑했던 사람들의 마음을 아프게 하는 법이 없었다." 전통적인 칭송 바로 그 자체인 "그녀는 양털을 잣고 가족을 건사했다"라는 표현에는 꼭 해야 할 말이 빠짐없이 소박하게 다 들어 있다.

서민적인 감정 특유의 신선함이, 지난 세기에 그랬듯이 관습이나 책에서 배운 언어에 의해 반드시 퇴색된 것은 아니었다. 항상 맑게 샘솟는 그 원천으로 돌아갈 필요가 있다. 위대한 작가들은 열심히 작업한 덕분에 오늘날 우리의 형식이 아닌 그들의 형식을 찾아냈다. 통속문학 속에도 재료는 수없이 많고 또 얼마든지 가공이 가능하다. 우리는 그 재료를 자신의 욕망의 틀에 맞추어 쉽게 다듬을 수 있다. 예를 들어서 무궁무진한 감동의 원천인 안달루시아의 '코플라'[7]같은 것이 그렇다.

로마의 평원을 이리저리 거닐면서도 나는 어떤 다른 나라를,

---

[7] copla. 스페인의 민속음악으로 라틴 아메리카에 널리 퍼져 있다.

다른 휴식과 명상의 장소들을 생각하곤 했다. 그리하여 내 마음속에는 알제의 엘 케타르[8] 묘지가, 언덕 위에 내려앉았다가 날아오르는 비둘기 떼의 그 하얀 비상이 눈에 선하게 떠오른다. 그러나 그곳의 빛은 훨씬 더 강하고 하늘은 더 뿌연 푸른색이다. 하지만 그곳에서는 시간도 장소도 완전히 잊어버린 채 오랫동안 산책할 수 있다. 더운 계절의 금요일이면 무어 여인들은 그곳으로 와서 자기들끼리 수다를 떤다. 무덤들은 아피아 가도의 무덤들과 강한 대조를 보인다. 그곳에서는 정말이지 인간 존재가 중요성을 상실한다. 때로 이름조차 없는 하나의 묘석에 불과하다. 묘석의 윗부분은 우묵하게 파여 그곳에 빗물이 고이고 새들이 목을 축일 수 있게 되어 있다.

이슬람교도는 죽어서까지도 대자연과 친근하게 어울려 지낸다. 그래서 인간이라는 그 특성이 그가 살아 있을 때보다 절대자 앞에서 더 중요해지는 것은 아니다. 다만 그는 근원적인 사물들과 좀더 잘 뒤섞인다. 남쪽 지역으로 좀더 깊숙이 들어가고, 짙은 녹색의 풍경이 진흙 빛으로 변하고, 하늘빛이 퇴색하면서 한낮에도 흐린 색깔을 배경으로 가장 미묘한 색조들을 띠게 되면 그때 불룩하게 나온 땅 위로 길을 따라 가끔씩 바닥 여기저기 던져져

---

[8] 1838년에 문을 연 알제리에서 가장 유명한 공동묘지. 알제 교외에 있으며 특히 많은 예술가들이 무덤으로 선호한다.

있는 돌들이 눈에 들어온다. 마치 누군가가 씨를 뿌린 듯이 장난 삼아 조약돌들을 던져놓은 것처럼 보이는데 그게 바로 무덤들이다. 음자브[9] 지방에서는 몇 개의 깨진 도기들이 거기에 죽은 자들이 있음을 알려준다. 오직 땅과 하늘뿐이다. 낮에는 가득한 빛의 세상이고 밤에는 오직 무수히 빛나는 별들뿐이다. 여기서 언어가 무슨 소용이 있으며 비문으로 무얼 하겠는가? 이 영원한 대면, 이 끝없는 포옹, 고백도 질투도 없는 이 결합들 앞에서 오직 침묵만이 버티고 남아 있을 수 있고, 오직 침묵만이 어떤 의미를 지닐 뿐 일체의 말은 거짓이거나 과장이다. 그래서 아랍인은 지나가면서 한 송이의 꽃을 꺾기를 좋아한다. 그는 소멸하기 마련이고, 그 무엇으로도 붙잡아 고정시킬 수 없는 것의 이미지로서 꽃에 애착을 가진다.

불행하게도 그와 같은 자세는 우리에게 있을 수 없다. 우리가 그런 자세의 숭고한 면을 느낄 수 있고 그 깊은 진실을 굳게 믿어도, 그것을 우리 삶의 척도로 삼을 수는 없다. 로마는, 다시 말해 고대 로마는 여전히 사나이답게 살다가 사나이답게 죽고자 하는 자, 그 삶이 어떤 그림자의 몽상에 지나지 않음을 잘 아는데도 그것을 꿈으로서의 현실로 간주하는 자의 고향임에는 변함이

---

[9] 가르다이아(알제 남쪽 550킬로미터 지점)에 있는 알제리 사하라 사막의 북부 고원지역. 주민들은 베르베르어를 사용한다.

없다. 유럽 사람, 즉 지중해 사람은 자기의 생각을 표현할 필요를 느낀다. 삶을 하직하는 바로 그 순간에도 그는 어쩌면 가지고 노는 한낱 장난감, 그러나 깨져버리면 영원히 그만이게 되는 장난감에 불과했던 그것에 대한 초연함을 표현할 필요를 느낀다. 쓰라림과 자존심이 뒤섞인 어떤 금욕적 절망감을 말이다.

"여기 영원한 집이 있다. 그리고 영원한 행복이 있다. 과거에 나의 소유였던 모든 것들 가운데 오직 나만의 소유인 유일한 것이 여기 있다." 어떤 쾌락주의자들은 물질적이어서 그들이 몸에 지니고 가는 것은 바로 그들이 먹고 마셨던 것이라고, 그리고 그 밖의 것은 모두 다 잃어버린 것이라고 말한다. 그러나 어쨌든 그건 같은 생각, 즉 완전한 포기와 같은 생각이다. 우리가 기독교도들을 생각해본다면, 같은 시대의 사람들 사이에 얼마나 먼 거리, 얼마나 깊은 심연이 가로놓여 있는가!

"나는 영원히 살고자 어여 서두르며 살아왔다."[10*] 이런 묘비명이 기막히게 표현하고 있는 영원한 삶에 대한 기대는 어디 있는가?

어떤 이교도는 친구의 무덤에 묘비를 세우면서 그 친구에 대하여 일부러 알쏭달쏭한 말로 표현한다.

"그는 여기 있고 또 여기에 있지 않다."[11*]

[10*] Vixi, festinans vivere semper.

그러나 고대인들의 체념을 사람들이 단순히 무관심이라고 생각한 것은 잘못이다. 마음속 깊이 느낀 감회를 가장 단순한 표현으로 옮기고 있는 비문들은 많다. 지극히 짧은 시간밖에 함께 살지 못하고 남편과 사별한 어느 젊은 아내는 죽어서 남편과 재회하기 전에 꿈에서라도 만나는 큰 행복을 맛보고 싶어 한다.

"비나이다, 오 거룩하신 사자들의 넋이여. 사랑하는 남편을 보살펴주시고, 부디 너그러움을 베푸시어 밤이 되면 제가 그이를 만날 수 있게 허락해주시고, 또한 그이 곁으로 더욱 편히 더욱 속히 갈 수 있게 저를 운명의 손에 맡겨주소서."

이토록 비장하고 품위 있는 비문들, 혹은 금언과도 같은 간결한 표현으로 삶과 죽음을 장악하는 그 독특한 힘을 보여주는 또 다른 비문들 가운데서 어느 쪽이 더 많은 것을 생각게 하는지 잘 알 수 없다.

"나는 존재하지 않았다, 나는 존재했다,
나는 더 이상 존재하지 않는다, 나는 아무것도 후회하지 않는다……"

혹은 또 다른 형식들로,

11* Hic est —et non est.

"예전에 우리는 존재하지 않았다. 우리는 태어났다. 그리고 첫 번째 휴식을 상기시키는 이 휴식에 마침내 이르렀다……. 이 모든 것을 다 치워버리고 행복하시라."

첫 번째 비문은 열일곱 살에 죽은 소녀의 무덤에 새겨져 있었다. 그리고 여기 랑베즈[12]에도 한 노병의 비슷한 비문이 있다.

"너는 존재하지 않았었는데 지금 너는 존재하고, 또다시 너는 존재하기를 그치리라. 여기가 너의 태생지다."

"여기가 너의 태생지다"(Hic est locus patriae). 우리의 삶이 수많은 여행들, 질병들, 만남들을 가로지르며 우연들 중에서도 가장 순수한 우연에 맡겨졌다고, 우리가, 오래되고 적절한 어떤 이미지가 말해주듯, 절대로 항구에 닿지 못한 채 이 나룻배에서 저 나룻배로 던져진 것이라고, 그리하여 일정한 거리에 떨어져서 바라볼 때 지나간 세월이 우리 눈에 텅 비고 믿어지지 않을 만큼 무용한 것으로 보인다고, 그리고 우리는 결코 스스로 원하지도 않았고 예상하지도 못한 채, 우리에게 가장 중요해 보였던 것

---

[12] 알제리 북동쪽 팀가드 가도 변에 위치한 고대 로마의 아프리카 군사도시. 바트나에서 10킬로미터 동쪽에 있다.

을 실현하지도 못한 채, 우리가 사랑하는 사람들과 너무나 멀리 떨어져, 어느 병원에서 외국어로 말하는 사람들 가운데서 도무지 이해가 되지 않을 정도로 외로운 처지에서 죽게 될 위험에 처했다고 생각하면 몸서리가 쳐진다.

어떤 순간에는 이런 종말이 우리에게 그 무엇보다 더 아름다워 보일 수 있다. 마침내 해야 할 어떠한 역할도 더는 없게 되었구나! 마침내 흙으로, 물로, 불로, 공기로 돌아가, 인간의 삶이 어지럽혔던 그 영원한 안식에 들게 되었구나! 그렇다, 그거야말로 대단하다.

그러나 자신의 예술에 대하여 가장 까다로운 요구들을 내세웠던 사람이 자신의 삶에 대해서도 마찬가지 요구들을 내세운다는 것, 그리고 미래에 올 사람들에게 아름다운 해안들, 아름다운 석상들, 그리고 지성의 위대한 결단들의 모습처럼 가장자리에 흠하나 없이 반드러운 술잔을 들어 권하고자 한다는 것 또한 아름답다. 어쩌면 내일 우리는 머리에 먼지를 잔뜩 뒤집어쓰고 이름 모를 심연 속에 파묻힐 생각을 할지도 모른다. 그러나 오늘 로마의 평원이 여전히 나타내 보이는 이 고독과 침묵 속에서, 우리가 읽은 이름과 금언의 주인공들을 부추겼던 것이 불멸의 존재가 되려는 치기 어린 욕망이 아니라, 인간이 인간에 대하여 느끼는 커다란 연민이며, 흔들리고 형체 없는 세계의 한가운데서 가슴과 가슴을 맞대고 그에게 어떤 '정의'定義를 내리도록 밀어줄 수 있는 그 무언가를 창조하려는 우정 어린 욕망임을 우리는 족히 느낄 수 있다.

베로나에서 세비야까지

공허

이탈리아는 그 누구도 흉내 낼 수 없는 방식으로 인간의 주위에 텅 빈 공백을 만들어놓는다.

 인간은 자신의 욕망과 함께 혼자다.

 '에스프레소' 한 잔과 물 한 잔을 앞에 놓고 몇 시간이고 앉아 있는 이 사람들을 보라. 그들은 여러 해 전부터 마음속에 끓이고 있는, 아마도 끝내 만족시키지 못할 어떤 비밀스러운 열정을 반추하고 있는 것이다.

 그들이 입 밖에 내는 것은 자신으로서는 아무런 관심도 없는 말뿐이다.

이탈리아에 가려면 아주 행복하거나 아니면 아주 불행해야 한다고 H. B.¹³는 말하곤 했다.

북유럽 사람들이 '즐기려고' 이탈리아에 온다니 기이한 아이러니다. 차라리 셀프리지스 백화점¹⁴ 점원 아가씨들과 함께 하이드 파크에 남아서 그냥 노는 편이 더 나을 텐데 말이다.

나는 이제 선택했다. 나는 오로지 얻기 힘든 것만을 좋아하기로 했다. '성스러운 것'이라는 느낌을 주는 '금지된 것', 다시 말해 거기에 접근할 수 있으리라고 결코 생각지 못했을 터이므로 행복에 겨워 눈물이 나게 하는 것만을.¹⁵*

내 사랑과 나 사이에 가로놓인 이 장벽들은 얼마나 아름다운가! 그 장벽들은 내게 돌이킬 수 없는 어떤 감정을 얼마나 강하게 주는가! 앞에 있으면: 그건 불가능하다. 지나고 보면: 이제 다시는 안 된다. 욕망들의 영원함——고통들의 영원함.

13 　필명 스탕달로 더 잘 알려진 작가의 본명인 앙리 베일(Henri Beyle)의 약자. 그는 밀라노, 로마 등 이탈리아 여러 도시에서 살았고 치비타 베키아 주재 프랑스 영사로 근무하기도 했다. 열정적인 이탈리아 애호가답게 이 나라의 문화와 삶에 대한 중요한 저술들을 여럿 남겼다.
14 　1909년에 해리 고든 셀프리지가 런던 옥스퍼드 가에 세웠다.
15* 　'je'(단수 일인칭 주어)와 'moi'(단수 일인칭 강세형)는 다른 어떤 인칭대명사보다 더 대수학적 기호들이다. 그런데 사람들은 늘 그 반대로 생각한다.

나폴리: 굽이도는 만의 곡선이 너무나 아름다워서 인간은 그 충만함 앞에서 오히려 불편해지는 느낌이다. 인간은 뭔가가 빠져 있는 결함이랄까, 공기구멍 — 숨 쉬고 살아갈 가능성 — 을 찾는다. 그 결함을 찾을 수가 없다.

매일같이 우리 내면에 있는 신비를 가리는 저 연약한 얇은 막이 터지는 순간들만을 위해서 살자. 그 비탄의 밑바닥으로부터 어떤 노래가 솟아나오리라.

우리는 우리 자신을 끊임없이 과소평가한다. 가난, 질병, 고독, 낯설음 때문에 마치 막다른 골목으로 내밀린 느낌이 들 때, 우리의 영원성은 여지없이 그 모습을 드러낸다.

우리는 물러날 곳 없는 막바지에 내몰릴 필요가 있다.

밤

'밤의 침묵 속에서'En el silencio de la Noche[16]라는 탱고 제목이 '울고 싶어라', '나를 속이지 마라', '내 마음을' 등등 다른 탱고 제목들과 함께 머릿속에 되살아난다. 더 다정하고 더 향수 짙은 한 세계가 부르는 소리. 손을 내밀면 그 부름은 사라진다.

---

[16] 아르헨티나 출신의 탱고 작곡가 에드가르도 도나토(1897~1963)가 1929년에 발표한 곡이다.

어떤 날들에 나는 더 이상 이치를 따질 수도 없고 더 이상 기억할 수도, 글을 쓸 수도, 말을 할 수도 없었다(어떤 날들에? 아니다, 거의 언제나 그랬다). 이제야 그 까닭을 알겠다. 어떤 이미지들은 모든 것을 다 지워버리기 때문이다.

다리 위로 지나가면서 한 여자가 한 남자에게 말했다(그들은 둘 다 매우 젊었지만 여자 쪽이 남자보다 더 젊었다). "우리 같이 몸을 던질까, 어때?"

어떤 사람들은 이 말을 절대로 이해하지 못한다. 어떤 나라에서는 이처럼 솔직한 말을 입 밖에 낼 수가 없다.

어떤 날들엔(거의 매일) 내 귀에 더 이상 아무 말도 들리지 않았다. 나는 더 이상 어떤 것에도 주의를 기울일 수가 없었다. 어떤 리듬들이 모든 것을 다 덮어버리는 것이다.

나는 해가 진 뒤에야 비로소 집 밖으로 나오곤 했다. 나의 빛이 있는 곳은 바로 어둠 속이었다. 나의 어둠이 있는 곳은 바로 빛 속이었다.

파르마: 어떤 살롱, (프랑스 식 정원들, 로코코 양식의 교회들, 코레조[17]의 멋없는 그림), 어떤 묘지. 너무나 권태롭도다!

---

[17] 안토니오 다 코레조(1489~1534). 르네상스 시대의 위대한 이탈리아 화가.

이 권태로움이 정념들을 자극하고 살찌웠다.

사람들은 사랑할 수 있을 때에야 비로소 단조로운 삶을 이해한다.

지성, 사랑, 아름다움, 이 모든 것이 다 공허함 위에 놓여 있다는 생각이 들 때에야 비로소. 어떤 연인에게 있어서 살아갈 이유—살아갈 변명이 싹 지워지는 데는 동맥을 끊는 것만으로 충분하니! 이탈리아에서는 사람들이 언제나 이반 일리치 같은 상황에 놓여 있다. 자신이 죽을병에 걸렸다는 사실을 이제 막 알게 된 톨스토이 소설의 그 인물 말이다.

스페인과 러시아에만 남다른 민중예술이 있다. 민중이 자기들의 본심을 드러내지 않았던 그들 나라에서는 침체와 가난이 너무나 오래 지속된 나머지 그로 인한 모든 사치의 감정들이 가능해졌던 것이다. 예술에는 다시 되풀이되지 않을 어떤 꽃 같은 순간이 있다. 그러나 어떤 민족은 그들의 순진무구함으로 인하여 그 순간을 연장하는 것 같다.

"여자를 멀리하고 학문에 전념한다"(Lascia le donne e studia la matemtica).[18*] 베네치아 여자가 루소에게 한 이 말이 그가 이탈리아에서 사는 모든 이유를 날려버린다. 북쪽 나라 사람들은 다름 아니라 살아가면서 한 번쯤 정열이 무엇인지 배우기 위하여, 그리고 자신이 배웠던 것을 잊기 위하여 이탈리아로 간다.

묘비명들

모든 묘비명은 명예와 이승의 헛됨을 말하고 있다. 가장 아름다운 것은 지난여름, 베로나에서 본 묘비명이다. 그곳 산 체노 수도원에 있는 베빌라콰(1568년 사망)의 무덤에는 이렇게 새겨져 있었다. "이제 나는 다 살았노라. 그들은 말한다. 명성을 얻어 살아남는다는 것은 멋진 일이지만 그 역시 두 번 죽는 또 다른 방법이 아니겠는가? 내가 육체 가운데 나의 구세주 하나님을 만나게 될 심판의 그날까지 주님 안에서 단 한 번 죽는 것이면 내게 부족함이 없으리라."

명예란 이승의 삶과 거의 마찬가지로 덧없는 생명 연장에 불과하고, 유명한 사람도 그 명성이 다하면 '한 번 더' 사형선고를 받는다는 생각이 여기에 기막힌 방식으로 표현되어 있다. 무슨 소용인가, 라고 베빌라콰는 말하고 있다. 심판의 날을 기다리면서 단 한 번 죽는 것으로 충분하다는 뜻이다. 이 말은 절망이 아니라

18* 이는 파우스트와 정반대다. [괴테의 『파우스트』는 "영원히 여성적인 것이 우리를 끌어 올린다"라는 말로 끝난다.]

의연한 체념을 표현한다. 이 말은 그 뒤에 믿음과 사랑의 증명이 따르고 있기에 더더욱 감동적이다.

또 다른 하나의 비문은 위대함에 대한 향수보다는 오히려 성스러움에 대한 욕구를 나타내고 있다. 그것은 세비야의 가장 번잡한 광장에서 불과 이 분 거리에 있는 산타 카리다드 신심회[19] 성당 입구에서 읽을 수 있다. 사실 아무도 그 비문을 주의 깊게 보지 않는다. 왜냐하면 바닥돌 묘석에 새겨져 있어서 성당에 들어설 때 발로 밟고 지나가게 되어 있기 때문이다.

"이 세상에서 가장 못된 사람의 뼈와 유골이 여기에 묻혀 있도다. 신에게 명복을 빌어주오."

자신이 '이 세상에서 가장 못된 사람'이라고 말하는 이 인물은 대체 누구일까? 그는 돈 후안, 또는 그렇다고 전설로 전해지는—왜냐하면 분명 '역사'는 전혀 그렇지 않다고 밝혔으니까[20*]—인

---

[19] 15세기 중엽 인도주의적 목적으로 설립된 이 단체는 과달키비르 강의 익사자, 사형수, 행려 사망자의 시신을 거두어 매장하는 일을 맡아서 했다. 그후 이 신심회가 1645년부터 1674년에 걸쳐 교회를 세우고 그 활동을 병원 건립으로 이어갔다.

[20*] 돈 미겔 마냐라 이 빈센텔로(1679년 사망)는 그가 되살린 단체가 발행한 설명서에 따르면, "고귀하고 부유한 세비야의 기사"였다. 그는 21세에 헤로니마 카리요 데 멘도사와 결혼했고 13년의 결혼생활 동안 모범적으로 처신했다. 부인을 여의자 상심한 그는 이 자선단체에 들어가 규칙을 만들고 병원을 세웠다. [돈 후안은 17세기 티르소 데 몰리나의 희곡에 처음으로 등장한 허구적 인물이다. 이 신화는 여러 문학, 음악, 미술, 영화 작품에 다시 활용되어 나타났다. 이 신화적 인물은 세비야 연대기에 실린 어떤 잡보

베로나에서 세비야까지

물이다. 그가 돈 후안 테노리오가 아니었다 한들 무슨 상관인가? 그러나 그의 묘비명은 베빌라콰의 묘비명과 비교해보면 흥미롭다. 내가 보기에, 신앙도 같고 거의 동시대에 살았던 두 인물에게서 어조의 차이가 충분히 드러나는 것 같다. 그 차이는 이탈리아 기질과 스페인 기질을 갈라놓고 있다. 베로나에서 세비야까지는 단테의 엄숙함과 세르반테스의 광기를 갈라놓는 거리가 있다. 명예에 대한 사랑에서 십자가를 향한 광기까지의 거리 말이다.

이른바 돈 후안이라는 인물에 대해서는 지금까지 아무도 언급한 적이 없는 듯 보이는 '진실에 대한 담론'이 우리에게 남아 있다. 유감스러운 일이다. 불과 몇 페이지가 전부인 (1917년에 다시 인쇄된 이 글을 세심하게 읽는 사람은 200일간의 면죄를 받는다) 그 '진실 담론'은 인생의 허무에 대하여 깊이 생각게 하는 격렬한 강론이다. 글의 작자는 독자를 향하여 명령조로 줄기차게 말한다. "눈뜨고 보라, 눈뜨고 보라, 스스로 물어보라, 무엇이라고 말하겠는가······." 이것은 일상적인 삶의 베일을 찢고 인간에게

기사에서 생겨난 것으로 전해진다. 그 전설에 따르면 14세기 알폰소 호프레 테노리오 제독의 아들로 태어난 돈 후안 테노리오는 기사령 기사를 죽이고 그의 딸을 유혹하였으며 기사가 죽어서 묻힌 수도원의 수도사들이 이에 분노하여 그를 살해하여 시신을 없애버린 후 그가 저지른 잘못과 그를 후회하지 않은 벌로 하늘의 분노를 산 나머지 지옥으로 끌려갔다는 이야기를 남겼다고 한다. 그러나 실제 세비야의 연대기와 테노리오 가문의 문헌에는 그런 이야기가 없다.]

유일하고 영원한 진리인 죽음의 모습을 정면 응시하도록 인간을 밀어붙이는 열정적인 물음들이다. 그것은 루크레티우스가 이미 너무나도 강렬한 말로 깨우쳐주었던 질문들이다.

병적인 몽상들일까? 힘 빠지게 만드는 생각들일까? 꼭 그렇다고 볼 수는 없다. 그와 같은 명상에 매달렸던 사람들은 나약한 사람들도 아니었고 게으른 사람들도 아니었다. 돈 후안, 발데스 레알,[21] 돈키호테, 그 밖의 여러 전설적 또는 역사적 인물들(그런데 전설이란 역사보다 좀더 오래 지속되는 진실이다)이 삶을 벗어나 삶을 지배하고자 했던 것은 살아갈 능력이 없어서(우리 시대에 더러 볼 수 있는 것처럼)가 아니라 생명이 넘쳐났기 때문이다. 마냐라가 말하고 있듯이 "존재에서 비존재로"가는 그 순간을 그들은 너무나도 예민하게 느꼈기 때문에 그 순간을 지워버리고 단번에 절대존재 속에 자리 잡고자 했다. 우리는 프란시스코 데 보르하[22]의 이야기를 기억하고 있다. 스페인의 왕 카를 5세와 그 왕비의 영광이 절정에 달했던 시절 그들의 충성스런 신하였던 보르하는 왕비가 죽자 그 시신을 모시고 그라나다까지 수행하도

---

[21] 후안 데 발데스 레알(1622~90). 스페인 세비야 출신의 바로크 화가. 산타 카리다드 성당에 「죽음의 알레고리」 등 여러 작품을 남겼다.
[22] 프란시스코 데 보르하(1510~72). 스페인의 최고 귀족이며 카탈루냐의 부왕으로 1671년 클레멘트 10세에 의하여 성인품에 올랐다.

록 부름 받아 우연히 왕비의 시신이 어떤 상태인가를 눈으로 보게 되었다. 그 광경에 큰 충격을 받은 그는 지금 눈앞에 보이는 상태(비존재)와 지난날 보았던 상태(존재)를 비교해보면서 소멸해버릴 것이라면 다시는 그 무엇도 섬기지 않겠다고, 이제부터는 오직 신에게만 의지하겠다고 결심했다. 그의 전기에 따르면, 그는 집으로 돌아오자 방에 들어가 문을 닫아걸고 대성통곡하며 소리쳤다. "안 되지, 죽음으로 잃게 될 주인이라면 내 다시는 섬기지 않으리라." 그의 갈 길을 인도하는 것은 죽음에 대한 사랑이 아니라 반대로 죽음에 대한 공포, 영생에 대한 열정적인 사랑이다.

그에 비한다면 우리의 이른바 삶에 대한 사랑이란 한낱 무관심에 불과하다.

전부 아니면 무

스페인 사람들이 자기네 나라에 따라다니는, 이른바 '검은 전설'에 대하여 항변하고 나서는 것은 잘못이다. 그런 전설은 숱한 작품과 사람들에 의해서 확증되었을 뿐만 아니라 단순한 사실 이상으로 그 나라에 대해 훨씬 더 적절한 생각을 갖게 해준다. (가령 빈 하면 왈츠가 생각나고 코르시카 하면 복수가 생각나는 등등의 방식으로 말이다).

나는 물론 스페인과 이탈리아를 어떤 느낌들이 일어나도록(마치 인도가 어떤 생각을 떠오르게 하듯이) 미리부터 그런 토양이 마련된 나라들로 간주할 뿐이다. 그런 느낌들은 어디서든 생겨날 수 있지만 그 어느 곳에서도 그토록 강력하게 솟아날 수는 없으며 그토록 대단한 결과를(정신적 결과들을 말하지만) 가져올 수도 없으리라. 환멸로 끝나버린 사랑, 기대에 어긋난 야망은 파리에서, 런던에서 (그리고 뮌헨에서, 빈에서는 더욱 더) 다른 방식으로 만족시킬 수많은 방법들을 찾을 수 있다. 그러나 여기서는 그것이 불가능하니······.

본시 경멸당할 만한 인간에게 추가로 불행의 낙인을 찍어주고, 우리의 의지를 운명으로 바꾸면서 우리에게 마침내―이 순간이야말로 유일하게 중요한 순간이지만―위대함의 감정을 심어주는 이 조심성, 이 체념, 이 희생들을―생각이 비속하여 '억압'이니 '실패'니 하는 말이나 내뱉는 사람들에게 애써 설명하려고 하지 말고―언제나 감사하게 생각하는 것이 옳다.

인간은 자신의 '척도'에 맞는 삶을 찾아야 한다. 그리고 찾았다면 그 삶을 버려야 한다. 자신에게 꼭 맞는 삶이란 없으니 말이다.

이곳에서는 몸과 마음의 그 가당치도 않은 혼합들이란 더 이상 없다. 육체적 욕망과 사랑은 절대적으로 나뉘어 있다. 빛이 감정들을 오려놓은 듯 분명하게 드러내니 우리는 실수보다는 위반 쪽을 선호하고 죄는 받아들여도 어정쩡한 것은 받아들이지 못한다.

위험부담

『고백록』에서 마주치게 되는 어느 한 페이지는 매우 감동적이다(그 대목은 다른 곳보다 피학적인 허풍의 냄새가 덜 난다). 그건, 베네치아에서 어떤 창녀가 루소를 보고 그만 사랑에 빠졌는데(그 여자가 사랑했던 어떤 남자와 루소가 닮았기 때문에) 이번에는 루소가 욕정이 극에 달하여 그녀를 소유하려는 순간, 자신에게 몸을 맡기는 이 기막힌 미녀가 누구나 가질 수 있는 창녀라는 사실에 생각이 미치자 갑자기 눈물을 흘리기 시작하는 대목이다. "지체 높은 사람들, 고귀한 왕족들도 이 여인의 노예가 되어야 마땅하리. 왕권을 쥔 이도 이 여인의 발아래 꿇어야 마땅하리. 그러나 이름 없는 대중에게 함부로 몸을 맡기는 비참한 여인이 아닌가. 장삿배를 타는 선장도 이 여인을 마음대로 할 수 있으니……." 그리하여 절망을 이기지 못한 루소는 그녀를 극도로 멸시할 그 무언가를 그녀에게서 찾기 시작한다. 제네바 사람답게 도덕주의로 기울어 판단력이 흐려진 그는 그녀에게 육체적이거나 정신적인 흠이 있다고 상상한다. 어찌하여 그는 그보다 더 절망적인 어떤 진리를, 즉 육체적 쾌락에서의 절대와 사랑에서의 절대 사이에 가로놓인 풀 길 없는 갈등의 진리를 깨닫지 못한 것일까.

내가 어느 한 나라를 좋아하자면 그 나라는 어떤 '과거'를 가지고 있어야 한다. 그런 이유로 나는 알제리에 완전히 만족하지 못한다. 나는 스페인이나 이탈리아에서는 풍속상의 거리감 때문에 행복감이 덜할지 모르지만 그런 나라에서 내가 고통을 느낀다면 적어도 더 능동적인 고통일 테고 나에게 더 유익한 것이리라. 중요한 사실은 안락한 삶을 영위하는 것이 아니라 충만함을 느끼는 것이다. 그런 충만감이 비록 고통일지라도.

'도피해야' 할 것인가? '창조해야' 할 것인가? 그런 문제는 의미가 없다. 왜냐하면 각자 자신의 내밀한 필요성에 따라 그 문제를 해결해야 하니까 말이다. 스탕달은 이탈리아에서 자기를 실현한다. 파리나 모스크바에서는 자신自信을 갖지 못한다.

내 생각에, 세상에는 사람들이 생각을 천하게 할 수 없는 그런 나라들이 있는 것 같다. 파스타(이탈리아)나 병아리콩(스페인)이 육체로부터 가장 자유로워진 사고를 가능하게 하는 것인지…….

끝없이 도박에 근거를 두는 삶에서는 위험부담이 영원한 행복일 수 있다.

깊이 마음을 주지 않은 채 그저 이탈리아나 스페인에 '흥미를 좀 느끼는' 사람은 그 나라들에 대해서나 자기 자신에 대해서 완전히 오해하고 있는 것이다.

어느 날 아침 ─ 아니 아직 밤이라고 해야 할 시간에 ─ 시에나를 떠나려니, 하늘에는 별들이 반짝이고 들판에는 안개가 끼어 있는데 나는 향수에 젖어 가슴이 저렸다. 풍경이 어마어마해 보였다. 나는 그 풍경에 완전히 압도되어 레오파르디[23]가 노래했듯이 그 점령군에게 몸을 내맡기고 있었다.
"그리하여 이 바다에서의 난파가 나에게는 감미롭구나."

로마

자니콜로 언덕[24]의 산토노프리오 교회에서 ─ 산 피에트로 인 몬토리오 교회[25]에서 ─ 로마 시내를 굽어본다는 것.
나는 내가 보았던 것을 모두 다 잊었다. 황소가 살아남은 투우장에 대해서는 오직 그에게 상처를 입혔던 투우사의 리본 달린 창들에 대한 기억만 간직하고 있듯이 나는 오직 나를 괴롭게 했

---

[23] 자코모 레오파르디(1798~1837). 19세기 이탈리아 최고의 시인, 철학자.
[24] 바티칸 남쪽의 야산으로 로마의 중심을 조망할 있는 최적의 장소이다.
[25] 성 베드로가 십자가에 거꾸로 매달려 순교한 것을 기리기 위해 세워졌다. 이 교회 역시 자니콜로 언덕에 있다.

던 것밖에 기억하지 못한다.

그토록 많은 교회들, 박물관들, 기념물들, 관광명소들을 보고 난 뒤에, 다시 말해 영혼 없는 몸이요 심장 없는 아름다움에 불과한 그 모든 혹들을 보고 난 뒤에, 물에서 나온 한 마리 개처럼 몸의 물기를 털어내는 일은 얼마나 기분 좋은가! 트라스테베레[26]에서 산타마리아 광장까지 서민들의 거리를, 허름한 옷을 걸친 행인들 사이에 뒤섞여 지저분한 골목길을 이리저리 산책하는 일은 얼마나 기분 좋은가! 더 이상 감탄하며 쳐다볼 것은 아무것도 없다. 아니, 있다. 옛 로마인들의 직계후손으로 보이는 건장한 젊은이들, 낮은 이마와 거기에서 곧장 흘러내린 오뚝한 코, 햇볕에 그을린 통통한 두 뺨, 커다란 입, 긴 속눈썹 아래 검고 그윽한 두 눈을 가진 이른바 '포폴라네'[27]라고 부르는 서민 아가씨들, 그리고 특히 행복한 동물성의 분위기와 건강한 삶의 기쁨이 볼 만하다.

로마에 온 괴테는 말한다. 이곳에는 사물들이 주는 무거움의 느낌이 있다. 우리는 여기서 어떤 근엄한 쾌락, 즐거움 속에서도 일종의 심각함 같은 것을 느낀다. 로마는 농익은 과일의 아름다움을 지녔다.

---

[26] Trastevere. '테베레 강 저 너머'라는 뜻으로 강 우안의 남쪽 부분을 가리킨다. 구역의 북쪽은 자니콜로다.
[27] popolane. 서민 여성을 뜻하는 popolano의 복수형.

사람들은 따분한 직업에 종사하고 있고, 아무런 흥미도 느낄 수 없는 사람들과 상종하고 있으며, 떠날 수 없는 한 장소에 발이 묶여 있고, 남들에게도 무익하고 자신에게도 해로운 삶을 살고 있다는 자책감을 가지고 있다.

사람들은 …… 자책한다. 하지만 낙오자가 아닌 한 오직 자신만을 탓할 뿐이다. 말이야 뭐라고 하든, 따지고 보면 인간은 자기 운명의 주인이다. 인간은 자신에게 주어진 것을 가지고 항상 무언가를 만들어낼 수 있다.

혹시나 사람들이 위험부담 없이 즐기려는 욕망, 부자가 되고 싶은 욕심, 안락함과 편리함에 끌리는 마음, 사회와 세계에 대한 사랑, 그리고 무엇보다 뭐든 노력하지 않고도 얻기를 바라며 그저 식탁에 가 앉기만 하면 된다는 식의 마음가짐으로 스페인이나 이탈리아에 갔다가는 완전히 실망하고 만다. 그러나 따지고 보면 중요한 점은 행복해지는 것이 아니라(그보다는 다른 사람들의 행복을 바라는 것이 옳다. 다른 사람에게 희생을 요구할 권리는 없으니까, 또 대부분의 사람은 행복해질 자격을 갖추고 있을 뿐이니까) 일생에 단 한 번만이라도 무언가 위대한 것을 실현했거나 느껴보았느냐 하는 것이다.

나의 모든 행복은 내가 실에 꿰어 하나의 묵주를 만들지 못하는 낱알들에 불과하다. 나는 모든 것을 다 가질 수 있지만 한순간만 지나면 내게 남아 있는 것은 아무것도 없다. 전부全部, 그러므로 전무全無.

산 미니아토, 산 로렌초, 산타 마리아 노벨라 수도원들이여, 가느다란 기둥들, 서늘한 그늘, 풀이 돋아나는 뜰이여, 그대들의 좁은 감옥에서 마침내 마음은 해방감을 맛본다.

피에졸레[28]의 산 프란체스코 수도원으로부터: 나는 이 풍경을 보듬고 싶고 그 풍경 속으로 녹아들어 내 안에서 그 풍경을 지우고 싶다.

그리하여 관조와 사랑의 몇 시간이 지나고 나자 윤곽들은 지워지고 빛은 사위니 안개가 내게까지 올라온다. 이제 더 이상 아무것도 없다.

---

[28] 피렌체가 한눈에 내려다보이는 산 위의 작은 마을. 젊은 시절 알베르 카뮈는 이곳 수도원을 찾았다가 그 호젓한 분위기에 대한 글(「사막」, 『결혼·여름』)을 써서 스승 장 그르니에게 바쳤다. 수도원 뜰 입구에는 지금도 카뮈의 글귀 하나가 인용되어 걸려 있다.

프로방스

...
나는 이 고장에 올 때면 무언가 내 안에
맺혀 있던 것이 풀리고
마음속의 불안이 걷힌다는 생각을 했다.
...

프로방스 입문

다른 곳에 가서 살리라! 이것은 젊은이라면 누구나 갖는 첫 번째 욕망이다. 그렇다면 젊은이는 다른 곳으로 가면 소원이 이루어진다고 생각하는 것일까? 행복해지고 사랑하기 위한 어떤 장소가 따로 있다고 여기는 것일까? 그러나 그는 이런 질문을 해대는 사람들쯤은 우습게 여긴다. 젊음은 그 자체만으로 정당화되는 고유한 특권을 가지고 있다. 젊음은 젊음이 존재하기 때문에 믿고, 그래서 스스로 믿는 것을 증명할 필요가 없다.

둘시네아[1]가 세상에서 가장 아름다운 여자라고 선언하기에 앞서, 그녀를 만나봐야겠다고 하는 상인들에게 돈키호테는 말한다.

---

[1] 둘시네아 델 토보소. 세르반테스의 『돈키호테』에 언급은 되나 나타나지 않는 허구적 여인.

"만약 내가 당신들에게 그 여자를 보여준다면, 이미 그토록 널리 알려진 진실을 새삼 고백하는 게 당신들에게 무슨 소용이겠소? 중요한 것은, 당신들이 그녀를 보지 않고도 그 진실을 믿는 일, 그 진실을 고백하고 인정하고 맹세하고 옹호하는 일이라 이거요……."

젊은이들의 목적 없는 충동도 이와 마찬가지다. 이런 도피가 없다면 삶은 멈춰버린다. 그러니 도피가 가능하다는 것을 알고 있을 때는 얼마나 행복한가! 나 또한 다른 무엇이, 나를 에워싸고 있는—아니 나를 숨 막히게 하는 그 모든 것과는 다른 무엇이 존재한다는 사실을 깨달았을 때 비로소 살기 시작했다.

생명이 넘쳐흐르지 않는 한, 젊은 시절 낯익은 이미지들로는 자신의 고독에 자양분을 공급할 수가 없다. 오직 온갖 꿈들만이…….

안개가 자욱하고 추운 고장에서 자란 한 어린아이에게 고대의 문명이 가져다준 계시는 최초의 해방과도 같다. 뭐라고! 무슨 신을 위한 것도, 무슨 주인을 위한 것도, 무슨 기계를 위한 것도, 무슨 사상을 위한 것도 아닌, 인간을 위한 인간에 의한 인간의 척도에 맞게 만들어진 세계가 있다니. 그리고 어쨌든 (우리 현대세계에는 없는 것으로) 신적인 것이 보편적으로 존재한다는 말 아닌가. 후일, 나는 시인들의 다양한 상상력을 통해서 인간에게 존재하는 인간 이상의 위대한 것, 즉 인간의 그림자를 어렴풋이나 마 엿볼 수 있었다. 라마르틴[2]의 황혼을 내가 어찌 잊겠는가? 어느 날, 나는 터너의 「차일드 해럴드의 순례」를 앞에 두고 잠시 그림 속의 여행자 입장이 된 나 자신을 그려보았다. 그 여행자가 파라솔 소나무 그늘에서 그윽이 바라보고 있는 행복한 골짜기는 세상을 투명하게 만드는 빛을 받으며 아름다운 과일들, 아름다운 사람들, 아름다운 강들, 아름다운 나무들이 넘쳐나고 있었으니……. 어느 한순간이 우리들에게 잃어버린 재화를 되찾게 해줄 수도 있는 것일까?

사람에 따라 다르기는 하지만 하늘과 땅과 물이 합쳐져 그 어떤 혼합물이 만들어지고 그것이 우리들이 몸담아 사는 풍토를 형성한다. 거기에 가까이 다가가면 발걸음이 좀더 가벼워지고 마음은 활짝 피어난다. 침묵하던 대자연이 돌연 노래하기 시작한다. 우리는 사물들을 알아본다. 흔히 말하는 연인들의 벼락 같은 사랑이 그렇듯 어떤 풍경 앞에 서면 가슴이 방망이질치고 달콤한 불안, 오래 지속되는 관능을 느낀다. 강변에 널린 돌들, 찰랑거리는 물소리, 갈아엎은 흙의 따스함, 석양 무렵의 구름에 대해 어떤 우정이 솟아난다.

나에게 그런 풍경들은 바로 지중해의 풍경들이었다.

[2] 알퐁스 드 라마르틴(1790~1868). 프랑스의 낭만파 시인. 루이 나폴레옹에 맞서 1848년 프랑스 제2공화국 대통령 선거에 출마하였으나 큰 표 차이로 낙선하고 빚과 고독에 짓눌려 쓸쓸한 노년을 보냈다.

마르세유에서 콘스탄티노플에 이르기까지, 지중해의 항구들에서는 민중들이 하나같이 —동일한 민중들이다— 사철 부둣가에서 맨발로 지내는데, 얼굴은 햇볕에, 아니스 술에 벌겋게 익었으며, 등은 져 나르는 오렌지 상자에 눌려 굽었고, 손은 폭력이나 열정적인 사랑의 몸짓으로 내닫을 준비가 되어 있다. 낮에는 겉으로 보기에 미친 듯 바삐 돌아치는 것 같지만 사실은 알맹이 없는 삶을 살아가고, 밤이면 수상쩍은 집들과 오래된 교회들과 더러운 빨래들이 펄럭거리는 건물들로 빼곡히 들어찬 좁은 골목들이, 자유롭게 사는(가난하기 때문에 자유롭게) 그 모든 군상들에 대하여 동질감을 느끼는 이들에게는(과연 그 군상들도 원하는 동질감인지는 알 수 없지만) 무한히 매혹적인 축제 분위기를 자아낸다. 아침이면 당장이라도 배를 타고 떠날 준비가 되어 있고, 저녁이면 어김없이 술집 카운터에서 가진 돈을 다 털릴 준비가 되어 있으며 계절마다 어김없이 직업이 달라지는 사람들인데, 정작 내 관심이 쏠리는 쪽은 그들의 모험적인 측면(족히 연재 소설감인)이 아니라 그들이 맛보는 행복의 비밀이다.

  남들은 그들이 열광적인 사람들이라고 여길 것이다. 사실 그들은 열광적이다. 그러나 대체 어떤 재화에 그리도 열광하는 것일까? 그 무엇도 그들에게서 앗아갈 수 없는 재화들인 태양에, 사랑에, 바다에, 도박에 그들은 열광한다. 그 무슨 복수극, 그 무슨 난파로 인하여 그들이 가진 것을 모두 다 잃은 적이 있는가? 바다와 사랑은 변함없는 그들의 영원한 재화다. 내일, 어쩌면 내일, 적대적인 그 모든 것들이 그들에게 미소를 던지리라. 그러나 어쨌든 오늘은 그것들이 다 여기에 있으니 …… 보듬어주는 팔처럼 구부린 그 어느 만灣의 정경은 쓰라린 맛을 경험한 자의 마음에는 얼마나 커다란 휴식인가!

마음에 와닿는 어떤 하나의 지형地形, 그것이 바로 지중해의 정신을 만들어낸다. 공간일까? 그것은 어깨의 둥그런 곡선이며 얼굴의 타원형 윤곽이다. 시간일까? 그것은 해변의 이쪽 끝에서 저쪽 끝으로 달리는 한 젊은이의 질주다. 빛이 윤곽들을 또렷이 드러내면서 수數를 만들어낸다. 모든 것이 인간의 영광을 위하여 다 같이 힘을 합친다. 인간의 영광과 파멸을 위하여. 인간이 그토록 대단한 가치를 지니는 것은 그가 죽음을 자신의 행동들을 위한 배경으로 삼고 있기 때문이다. 둘 중 한쪽이 없이는 다른 한쪽도 이해되지 못한다. 언제나 목전에 존재하는 그 종말에 대한 첨예한 감각만이 욕망에 윤곽을 부여한다. 쌍을 이루는 이 힘들로부터 어떤 비극의 철학이 생겨났다.

분명 소크라테스는 인간적 절정에 이른 사람의 상징이다. 그러나 그는 유죄선고를 받았다(그는 죽기를 바란다). 어제 그는 하역 인부들, 야망에 찬 젊은이들과 어울려 돌아다녔다. 내일 그는 이름 없는 주검이 될 것이다. 그러나 오늘 그는 자신의 감옥 안에서 인류가 실현한 가장 완전한 것, 지중해 세계의 가장 위대한 성공 그 자체다. 그는 친구들과 가진 마지막 담화들을 통하여, 모든 인간이 차례로 따르는 두 길의 교차점에서, 보쉬에의 "자 이제 배움에 나서라"[3]는 식의 모든 충고를 합친 것보다 내게 더 많은 것을 가르쳐준다.

*

지중해를 따라 여행했던 그 행복한 시간들을 떠올리기 위해서 애써 노력할 필요는 없다. 그 시간들은 내게 언제나 눈앞의 현재로 있다. 알제의 높은 언덕들 위에서 보낸 열기 가득한 밤들, 욕망처럼 입술을 마르게 하던 시로코 바람, 이탈리아의 눈부신 풍경들과 인간들의 열정, 내게는 다함이 없는 찬란함들이었다.

그러나 그리스에 대하여 말하려고 하면 내게 떠오르는 이미지가 없다. 어떤 사람을 사랑하기 시작하면 그 사람의 모습을 눈으로 볼 수가 없게 되고, 그의 이미지가 마음속에서는 커지고 눈앞에서는 지워져버리듯 그 이미지들은 어떤 감정으로 대치된다. 헐벗은 풍경들, 돌투성이의 언덕들, 장난감처럼 연약한 신전들. 커다란 고통과 같은 극도의 단순화. 나 자신과 인간의 우연한 일치.

---

[3] "자, 왕들이여, 이제 깨달아라. 세상을 거느리는 그대들은 배움에 나서라"(Et nunc, reges, intelligite; erudimini, qui judicatis terram). 영국 여왕을 위한 보쉬에의 추도사에 있는 이 말은 「시편」(2:10)에서 따온 것이다.

나는 매일매일의 가식과 거짓을 여기에 내려놓고 나의 인간됨과 대면할 수 있다. 마침내 나에게서 해방되어 나 자신으로 돌아왔다! 드디어 어떤 우정이 가능해졌다!

프로방스는 분명 그보다 힘은 더 적겠지만 더한 부드러움을 지녔다. 나는 아직도 그 봄날의 아침을 기억한다. 그날 파리에서 타고 온 기차에서 내리며 돔 바위[4]가 갈라놓고 있는 공간을 발견하던 그때의 그 황홀한 느낌을 잊을 수가 없다. 나는 여러 날 동안 강과 들판과 궁전이 태양의 기울기에 따라 바다처럼 변하는 모습을 바라보며 지냈다. 그 후, 더할 수 없이 아름다운 고장들을 발견했다. 아비뇽이 펼쳐놓는 장관을 손바닥 안에 한데 모아 그러쥐고 있는 아를과 레 보 드 프로방스, 루르마랭, 포르크로 섬, 그리고 그밖에 다른 많은 곳들. 그러나 참으로 나를 남프랑스의 심장부로 인도해준 것은 아비뇽의 들판이다. 내가 그 고장을 오직 오월의 여린 빛 가운데 잠긴 모습으로만 머릿속에 그려볼 수 있게 된 것은 바로 그 계절에 그곳을 처음으로 보았기 때문이고, 감정에 있어서는 오직 첫인상만이 중요하기 때문이다. 그러나 나는 그 고장과 봄 사이에 눈에 보이지 않는 어떤 심오한 상호일치 같은 것이 존재한다는 걸 믿고 싶다. 마치 뤼베롱[5]과 가을 사이가

---

[4] 교황 요한 22세(1334년 사망)의 무덤이 있는 아비뇽 노트르담 데 돔 대성당은 이 시의 성안 북쪽에 위치하고 있는데 원래 론 강 좌안을 굽어보며 솟아 있는 돔 바위덩어리 위에 건축되었다.

그렇듯이. 마찬가지로 우리들 저마다에게는 내면의 저 깊은 밑바닥에 잠자고 있는 모든 능력을 힘들이지 않고 실현할 수 있으며, 또 남들이 있는 그대로의 우리 자신을 알아보고 사랑하게 되는 유일한 시기가 존재하는 것 같다.

그리고 이내 내가 프로방스에서 맺은 여러 사람들과의 우정이 그곳의 풍경과 기념물들 속으로 들어와 합쳐졌다. 내 마음속에서 사물과 인간이 하나가 되었다. 대자연에서 인간에게로 전해지는 우정은 모두 다 똑같이 건설하려는 의지를 표시한다. 로마의 것이었던 어떤 대지는 오직 긍정을 말해주는 사물들을 찬양할 뿐이다. 인간과 인간은 오직 건설하기 위해서만 단결하는 것이니 도시들을 건설하는 것은 바로 우정이다. 그런데 다른 곳에서는 그런 우정이 도시들을 파괴한다. 이곳에서는 모든 사람이 다 타고난 건축가들이다. 로마네스크 미술, 르네상스 미술은 고대미술과 한통속이 되어 인간정신을 그 중력의 중심으로 회귀시키고자 한다. 이리하여 (사람들이 너무 자주 써먹었고 여기서는 영원한 유행이 되어버린 표현을 빌리자면) 풍경은 하나의 건축인 것이다. 이제 나는 짙은 하늘을 배경으로 솟아 있는 네모난 탑들을 좋아한다. 그리고 시프레 나무들이 땅과 이루는 저 직각은 얼마나 아름

5 　프랑스 남부 알프 드 오트 프로방스와 보클뤼즈 지방 사이에 동서로 걸쳐 있는 산악지대.

다운가! 그 나무들, 그리고 고대의 폐허와 중세 수도원들이 가까워지면 부정하고 싶은 나의 욕구, 사회적 형식들에 대한 나의 혐오가 가라앉는다. 그리고 앙리 보스코[6]의 설명을 듣고서야 나는 상탈 남작이 라 투르데그 성[7](오로지 자신이 사랑하는 마르그리트 드 발루아를 맞아들이기 위한 단 하나의 목적으로 남작이 명하여 짓게 한)의 모든 문에 다음과 같은 명구를 새기게 했다는 사실을 알게 되었다.

SATIABOR CUM APPARUERIT
(그녀가 모습을 나타내 보이기만 하면 나 더없이 만족하리.)

이제 나는 이 명구를 프로방스에 적용하고 싶다. 프로방스가 오직 내게 모습을 나타내 보이기만 하면 나는 더없이 만족하리.

[6] 앙리 보스코(Fernand Marius Bosco의 필명, 1888~1976). 아비뇽 태생의 프랑스 작가로 1945년에 발표한 소설 『마 테오팀』(*Le Mas Théotime*)으로 르노도 상을 받았다. 그는 프랑스 남부의 작은 마을 루르마랭 공동묘지에 묻혔는데, 알베르 카뮈의 무덤과 멀지 않다. 장 그르니에는 나폴리, 아비뇽 등에서 교사로 근무하면서 이 작가와 친해졌다.
[7] 프로방스 보클뤼즈 지방의 작은 마을 라 투르데그에 있는 고성. 1550년 성주가 된 불리에 상탈은 성을 완전히 르네상스 형식으로 개조, 개축했다. 1571년에 개축 작업이 끝났고 1579년에는 프랑스의 왕비 카트린 드 메디치가 이곳을 방문했다. 마르그리트 드 발루아는 프랑스 왕 앙리 2세와 카트린 드 메디치 사이에서 태어난 딸로 1572년에 나바라 왕 앙리(훗날 앙리 4세가 됨)와 결혼하여 나바라 왕비가 되었고 흔히 '여왕 마고'로 불렸다.

*

내가 이 고장, 이 안식처로 되돌아온 것은 필시 고향 떠남이 내게 해롭지 않았기 때문이리라. 아니 그 이상으로, 그 떠남이 반드시 필요했기 때문이다. 다른 신들을 맞아들이려면 내게 익숙했던 신들을 부정해야 했다. 나는 내게 맞는 풍토를 찾아 떠나야 했다. 나는 포기할 권리가 없었다. 지나친 포기는 단순한 비겁함에 지나지 않는다. 그러나 반항도 결국은 아무 소용이 없다. 내가 브르타뉴를 떠난 것은 오직 프로방스에 정붙이기 위해서였다. 내가 미신적이고 억압적인 어떤 신앙을 거부한 것은 균형과 희망이라는 색깔 속에서 동일한 그 신앙을 다시 껴안기 위해서였다. 가족들로 말하면, 나는 아무것도 가진 게 없는 한 인간이 자기 결혼식에 새로운 친구들과 낯모르는 이들을 불러들이는 모습을 상상해본다. 그러나 이건 벌써 복음서에 나와 있는 이야기니 새삼 지어낼 필요가 없을 것 같다. "혼인 잔치는 준비되었지만 초청받은 자들은 그만한 자격이 없는 자들이었다. 그러니 너희는 거리에 나가서 아무나 만나는 대로 잔치에 청해 오너라."[8] 만일 그런 고통을 겪어야 한다면 그것은 오직 새로운 치유와 건강에 대한 희망을 위해서다. 저주받은 자, 천민, 보헤미안이 된다는 것은 분명

---

[8] 「마태복음」 22:8~9.

가장 안이한 성향을 좇은 결과에 지나지 않는다. 다른 하나를 믿으려면 믿고 있는 하나를 그만두어야 한다. 그것이야말로 그릇되이 생각지 않는 유일한 방법일 테니……. 지금 여기 내게는 매우 놀라운 것이 하나 있다. 아마도(분명히 해두거니와 아마도) 저것보다 구태여 이것을 믿기로 결심해야 할 '충분한 이유'란 없으리라. 그런데 어떻게 하여 이것 또는 저것을 믿는 사람들은 그런 태도에 부정적인 자들이 놓치는 중요한 것을 알아차릴 수 있을까? 어떻게 하여 그들은 이해하고 살고 사랑하는 것일까? 반면에 다른 사람들은 그러지 못할까?

그리하여 내가 나의 모든 관계들을 다 끊어버리고, 살아가기 위하여 다른 관계들을 만들어야 한다면, 관계를 맺는 그 대상은 부디 승리의 여신을 받들어 모시는[9*] 땅, 성모 마리아와 디오니소스가 서로 타협하는 땅,[10*] 사람들이 아직도 여러 신전들을 높이 받드는 곳,[11*] 언덕들은 모두 아크로폴리스요 바위로 둘러싸인 작은 만들은 모두 그리스의 항구인 그런 곳이기를. 그렇다, 나는 이 현상과 본질의 혼동을 좋아하고 그 혼동을 즐긴다. 사슬은 끊

[9*] 생트 빅투아르 산〔승리의 여신을 뜻하는 엑상프로방스 근교의 석회암 산으로 이곳 출신의 화가 세잔이 즐겨 그렸다〕.

[10*] 방타브랑〔프로방스의 작은 마을〕의 교회를 바치는 봉헌문은 "성모 마리아처럼 디오니소스처럼"(Virgini Deiparae Dionysoque)이다. 이 표현은 물론 생 드니 성인을 가리킨다.

[11*] 베르네그〔살롱 드 프로방스 인근의 작은 마을이다〕.

어졌다가 다시 이어질 수 있다. 나는 이 년 전 실바칸 수도원[12]을 찾아갔던 일을 기억한다. 그곳 수도원은 외양간으로 변하여 소와 당나귀가 나란히 풀을 뜯고 있었다. 소와 당나귀는 아기 예수를 기다리고 있었다. 그 짐승들은 어떤 탄생, 영원한 거듭남인 어떤 '르네상스'를 예고하는 것이었다. 그토록 많은 빛이 나를 부르는데 나의 내면에는 너무나 많은 어둠이 깃들어 있어서인가, 너무나 자주 삶이 내게는 끔찍해 보인다. 그러나 삶의 시작들은 얼마나 아름다운가! 그리하여 삶은 매일같이 다시 시작된다.

---

[12] 세낭크 수도원, 토로네 수도원과 함께 '프로방스의 세 자매'로 불리는 유서 깊은 12세기 시토회 수도원이다. 오늘날에는 연주회나 전시회 장소로 자주 이용되는 문화재이다.

들판에 돋은 풀

어느 날 저녁 나는 루르마랭[13] 주위를 산책하고 있었다. 구월의 짧은 황혼녘이라 해가 기울기 시작하자마자 어둠이 내려 구덩이들에 발부리가 부딪치고 퓌베르 마을 목장의 오솔길은 어슴푸레하여 잘 보이질 않았다. 뒤랑스 강은 눈으로 볼 수는 없었지만 여전히 로리스 마을 저 발아래 깨진 거울처럼 반짝이고 있었으리라. 우리 등 뒤로는 뤼베롱 산이 그 야성적인 겉모습을 걷어내면서 엷은 보라색으로 물들어가고 있었다. 나는 사방에서 부풀어 오르는 초록과 회색빛에 에워싸인 채 포도나무들과 올리브 나무

---

[13] 프랑스 남부 보클뤼즈 지방의 마을. 1930년 장 그르니에는 로랑 비베르 재단의 장학생으로 선발되어 이곳 루르마랭 성에 머문 적이 있다. 훗날 그의 제자이자 친구였던 알베르 카뮈도 이곳에 시골집을 장만해 집필 생활을 했으며 이 마을 공동묘지에 묻혔다.

들 사이로 걸어갔다.

　나는 이 고장에 올 때면 무언가 내 안에 맺혀 있던 것이 풀리고 마음속의 불안이 걷힌다는 생각을 했다. 그건 마치 누군가 상처에 확실하면서도 부드러운 손을 갖다대면서 그 상처가 아물기 시작하는 듯한 그런 느낌이다. 그것은 어떤 신선함의 감각이다.

　나는 너무 다른 고장들에서는 살 수 없을 것 같다. 산은 위압적이어서 나를 에워싸는 그 높은 봉우리들에 눌려 내가 납작해지는 느낌인데, 오르고 또 올라도 올라가야 할 또 다른 봉우리들이 끝없이 이어지는 것이었다.

　그러나 나는 바다가 그립다. 너무나 오랫동안 나를 아프게 한 나머지 마침내 내 몸 속으로 스며들어와 나의 일부가 되어버린 그 아픔이 그리워지듯. 나는 어린 시절을 바닷가에서 보냈지만 그 바다는 지중해처럼 수평선이 너무나 뚜렷한 그런 바다가 아니라 항상 출렁거리며 불확실한 모습을 보이는 대양大洋[14]이었다. 나는 아침 일찍 도심을 떠나 사십 여분 남짓이면 벌써 바닷가 모래톱에 이르곤 했다. 바다는 만을 이루는 펄과 진흙의 광대한 공간을 남겨둔 채 아주 멀리까지 뒤로 물러났고 그럴 때면 저 먼 수평선에서 하늘과 맞닿아 하나된 바다가 반짝이는 것이 보였다.

---

[14]　여기서는 장 그르니에가 어린 시절을 보낸 브르타뉴 지방의 생브리외 마을에서 가까운, 조수 간만의 차가 큰 대서양을 말한다.

몇 시간이 지나자 바다가 으르렁대는 소리가 더 또렷해졌다. 하나의 파도가 부풀어 올랐고 굽이쳤고 부채꼴로 펼쳐졌다. 그리고 한 시간이 채 안 되어 내 앞에서 모든 것이 다 물에 잠겼다. 나는 바위들 사이 자갈밭에 누워만 있을 뿐 책조차 읽을 수 없었다. 구름이 해를 가리고 있어도 하늘에 반사된 빛은 그만큼 견디기 어려운 것이었다. 그리고 내 안으로 무언가 스며드는 느낌이 들었지만 그냥 내버려두었다. 무엇이었을까? 그건 뭐라고 표현하기 어려운 것이다. 바닷속에 오랫동안 잠겨 있던 청동상들이 있다. 튀니스의 바르도 박물관에 가보면 난파한 고대 그리스 선박에서 건져 올린 그런 아름다운 조각품들을 볼 수 있다. 몸체의 일부분은 녹아 없어졌고 남아 있는 부분은 천연두 자국 같은 것들이 온통 뒤덮고 있음을 알 수 있다. 그 결과 이따금 아주 감동적인 표현들이 떠오르기도 한다. 얽은 아름다움이랄까. 땅속에 파묻혀 있다가 발견된 조각상들은 사지가 잘려 해체되어버렸다. 그런 몸체를 닮은 어떤 정신을 상상해보라.

  그것은 부식된 정신이다. 그런 정신은 더 이상 창조하지 못하고 그저 수동적으로 당할 뿐이다. 조화로운 존재라면 자신의 고유한 법칙을 따를 것이고 힘들이지 않고 꽃을 피울 것이다. 또는 그 자체의 부패로부터 진실의 어떤 씨앗이 싹틀 것이다. 그러나 온통 구멍투성이로 오직 그것이 처한 환경으로부터 자신의 존재를 얻어가질 수밖에 없는 스펀지에서 무엇을 기대할 수 있겠는가? 그 스펀지가 무슨 진실을 표현할 수 있겠는가? 그 스펀지에 남아 있는 게 무엇이겠는가? 심지어 형해조차 없을 것이다. ─ 그러나 세상의 모든 흔적들이 오랫동안 배어든 알 수 없는 그 어떤 것들은 남아 있으리라. 어쩌면 그런 정신은 어떤 만남의 장소, 어떤 교차점, 어떤 수학적 상징에 불과하지 않을까?

나는 무관심들 가운데서 태어났기에 그 무관심을 내 안에 간직하고 있다. 내가 어떤 도시에 가까이 다가갈 때면 그것은 그저 하나의 신기루일 뿐이어서 오래지 않아 지워져버린다. 바다 한가운데 던져진 나는 항구를 알지 못한다. 항구를 만들어낼 수밖에 없다. 힌두교의 형이상학들은 어떤 가없는 대양과 비슷하므로 내 마음에 들었다. 가장 의미심장한 형이상학에서는 모든 것이 뒤죽박죽되어 있다가 어떤 통일성 속으로 흡수되는데 우리는 그 통일성을 부정적인 방법으로밖에 정의하지 못한다. 그런데 바로 그와 똑같은 움직임이 나를 어떤 무정부주의 쪽으로, 아니 오히려 모든 사회적 틀들을 무용하고 하찮게 만들어버리는 어떤 절대적 개인주의 쪽으로 이끌었다. 개인에서 전체에 이르기까지, 모나드에서 신에 이르기까지, 나는 단 하나의 삽입 첨가된 형태도, 심지어 단 하나의 타협적 기미도 믿을 수 없었다.

어떤 친구는 내게 이렇게 말했다.

── 그렇지만 수세기 전부터 사람들이 땅에 뿌리를 내려왔고 전통이 연면히 이어져 왔으며 태어나서부터 죽는 날까지 여러

가지 제도들에 얽매일 수밖에 없는 고장에서 태어난 이상, 자네는 그 영향을 받지 않을 수 없다네.

— 그래, 나는 그 유대관계들을 받아들였어, 사실이야. 나는 그 유대관계를 선택하기까지 했고 앞으로도 결코 거기서 벗어나지 못할 거야. 제발 자네의 전통들, 제도들일랑 걷어치우게. 자네의 가족들, 조국들, 그 모든 장터의 노점 같은 것들에 난 아무런 관심이 없다네.

오만일까? 유감스럽게도 그게 아니다. 내가 인간적인 것에 매달려 시간을 끌다보면 불행하게도 내가 가장 좋아하는 것이 산산조각 나서 사라져버린다. 자네는 내게 이것에 대하여, 또 저것에 대하여 이야기하지. 자네는 내가 좋아하는, 또 좋아한다고 여기는 이 고장을 예로 들지. 하지만 보다시피 이제 막 그 고장을 잠깐 스쳐갔을 뿐인데 벌써 내겐 아무 소용없는 것이 되어버렸다네. 바로 얼마 전에 내가 꺾은 이 들꽃은 벌써 시들고 말라버렸어. 그건 이제 버려야겠네. 내게는 모든 것이 이 들꽃과 같다네.

혹시 누군가가 한 인간을 그 태생지에 따라서 설명하려 한다면, 그는 브르타뉴 지방이 그곳의 바위들, 그 사나운 바다…… 키브롱, 벨 일, 생 말로, 라 푸엥트 뒤 라 같은 곳들이 그렇듯 거칢과 고집스러움을 교훈으로 준다고 말하지 않을까? 그러나 나는 또한 그 고장이 그곳의 외따로 떨어진 황야와 느릿느릿 흐르는 안개, 그 고장이 지닌 그 모든 형체도 한계도 없는 것들과 더불어 샤토브리앙의 몽롱한 꿈들, 르낭의 지적 흔들림, 정신의 불안정한 균형, 딱히 규정할 수 없는 어떤 감정을 암시해주었다는 생각을 한다. 그런 정신들은 가끔 내게 로마의 외진 구역에서 보았던 그 분수들을 생각나게 한다. 분수의 수반이며 수도관, 분수를 장식하는 조각상들에 이르기까지 모든 것이 낡아서, 바람이 불면 분수에서 뿜어 나오는 물줄기들이 온 사방으로 흩어지는 것이었다.

그렇다면 어디서 고정점을 찾을 것이며 어디에 닻을 내릴 것인가? 저기가 아니라 여기서 발길을 멈추겠어, 이건 마음에 들지만 저건 아니야, 라고 언제 말해야 할까? 모든 것이 다 마음에 든다. 그 어떤 것도 내 발걸음을 멈추게 하진 못한다. 마치 이 항구에서 저 항구로 세상을 두루 떠돌아다니기만 하는 뱃사람처럼 언제나 실망한 채 다음 기항지를 원하는 것이다.

지난날 나는 사람이 갖는 책무를 진지하게 여기려고 했다. 나의 직업, 환경, 당연히 맡게 되는 '의무들', 나의 인간관계 등등을 말이다. 그러나 잘되지 않았다. 나는 그런 근엄한 태도를 오랫동안 견딜 수가 없었다. 어느 사회든 출세하려면 반드시 필요한 것이지만 내게는 너무나 무거운 망토 같았다.

어쩌면 나는 무인도에 혼자 살던 로빈슨의 상황에서 너무나 갑작스럽게 꿀벌이나 개미의 생활조건으로 옮겨갔는지도 모른다. 그렇지만 내가 얼마나 당혹스러운 처지에 던져졌는지를 생각해 보라. 우선 부주의했던 탓으로 나는 투쟁하는 무리들에 가담했던 것 같다. 나로서는 어떤 점에서 그들의 목적이 서로 어긋나는지 알 수 없었다. 내 생각에, 목적 같은 것은 부차적인 중요성밖에 없으며 보다 높은 차원에서라면 몰라도 어긋날 일은 전혀 없어 보였으니까 말이다.

브르타뉴의 민족주의자가 아니라고 해서 브르타뉴를 덜 사랑한다고 할 수 있을까? 프로방스 말을 모른다고 해서, 르네 왕[15]을 받들었던 가문의 후손이 아니라고 해서 프로방스를 덜 사랑한다고 할 수 있을까? 바레스 같은 작가가 어떤 신념을 품고 있었다는 이유 때문에, 다른 어리석은 자들이 그 신념으로부터 도출해 낸 모든 결론들을 떠 짊어진 채 생의 절반을 보냈다는 것은 정말이지 좀 부끄러운 일이다. 그러나 그는 배신자로 여겨지는 게 두려웠던 것이다.

배신자…… 완전히 어느 한편에 속하지 않았다는 이유로, 사물이나 인간에 대하여 복합적인 감정을 가졌다는 이유로 확신이 없는 사람 취급을 당한다. 정치적인 신념의 표명을 요구받지 않은 상태에서 나는 어떤 고장을 사랑할 권리가 없다니. 이것과 저것은 서로 불가분의 관계가 있는 모양이다. 나는 내게 주어진 모든 의무를 저버리지 않는 한 몇몇 편견들에서 벗어날 수가 없다.

---

[15] 르네 왕(1409~80). 앙제에서 태어나 엑상프로방스에서 죽었다. '착한 왕 르네'라는 별명을 가진 그는 프로방스의 포르칼키에 공작을 거쳐 앙주, 나폴리, 시칠리아, 아라곤의 왕이 되었다.

사람들이 진정으로 결심하게 되는 것은 사랑하기 때문이 아니라 원칙을 따르기 때문이다. 매 순간 나는 누군가 내 소매를 끌어당기며 "이건 양립할 수 없는 거야"라고 말하는 느낌을 받는다. 천만에, 그건 얼마든지 양립할 수 있다. 조금만 더 위로 올라가보라. 산들이 평평하게 내려다보이면서 계곡들과 구분이 되지 않는 모습을 보게 되리라.

이 모든 것이 다 사실이다. 라이프니츠와 괴테와 함께, 존재하는 모든 것, 살아 있는 모든 것들에게 "그렇다"고 말해야 한다. 분리는 자의적이고 부정은 억지꾸밈이다. 나는 어느 하나를 좋아한다. 그 하나 때문에 내가 왜 다른 하나를 마다하겠는가? 그러나 여기서 한 가지 의문이 제기된다. 즉 나는 이 첫 번째 것을 진정으로 좋아하는가? 모든 것에 다 열려 있다는 사실은 바로 그 무엇에도 애착을 갖지 않는다는 의미가 아닐까? 내 마음속을 깊이 들여다보면 그 점을 인정할 수밖에 없다. 내가 제안해보는 이 모든 것들은 마음에 깊이 와닿지 않는다. 또 오래 지속되지 않고 너무나 인간의 척도에나 맞는, 덧없고 거짓된 것이다. 나는 길을 가다가 그것들을 집어 들고는 한참 뒤에야 눈길을 준다. 그것들은 벌써 시들고 썩었다. 들꽃처럼.

*

만약 그것이 진실이고, 내가 위안이 아니라 진실을 필요로 한다는 것이 사실이라면 나는 여기서 멈추고 싶다.—그런데 그럴 수가 없다. 내가 빠져 있던 어둠은 오래 계속되지 않을 것이다. 이내 계속 걸어가서 어떤 낯선 고장에 이르면 나는 새벽에 길들을 만나게 되고 그 길들 중에서 선택해야 하리라.

관능적일 만큼 짙은 어둠 속에서, 형태들과 존재들이 점점 불어나는 가운데 줄리엣은 아직도 "모든 것이 다 가능하다……"고 믿는다. 종달새의 노래를 듣자마자, 그 노래를 알아차리자마자 그녀는 선택해야 한다. 그들, 다시 말해 그녀와 그는 선택해야 한다. 한 시간 전까지만 해도 대단원이 준비되지 않았기에 밤 꾀꼬리는 석류나무에 앉아 지저귀고 있었다. 그런데 지금…….

만약 로미오가 삶을 받아들인다면 그는 '자신의' 삶에 저촉되는 모든 것을 거부해야 한다.—그는 선택해야 한다.

지금 나는 걸음을 멈춘다. 뒤를 돌아본다. 그 나름대로 진실일 수 있는 것을 버림으로써 내가 잃었던 모든 것이 보인다. 선택되지 않음으로써 편리하게도 내가 행동하지 않아도 되게 해주는 모든 것이 보인다. 그러나 나는 배에 올라탄 몸이다.

그렇다면 나는 이리저리 방황하는 그 모든 생각의 흐름에 자신을 맡겨두지 않은 것을 그토록 후회해야만 하는가? 비생산적일 뿐인 야단법석에서 내가 무엇을 기대할 수 있겠는가? 나는 몽마르트르에서 몽파르나스에 이르기까지 거리를 방황하는 군상들을 생각해본다. 부산하게 움직이는 파리는 그들에게 삶과 발전의 환상을 갖게 해준다. 마리 가스케[16]가 전해준 바 있는 세잔의 말이 생각난다. 어떤 화가의 그림 앞에서 발걸음을 멈춘 세잔이 낙담하여 몇 번이고 소리쳤다. "이 사람이야말로 태어난 곳이 없는 사람이군……."

오늘날 많은 책과 예술작품에 대해서도 마찬가지 말을 할 수 있으리라. 그야말로 태어난 곳이 어디라고 특정할 수 없는 사람들의 창조물들인 것이다. 운 좋게도 조화로운 환경에서 태어났을 경우, 그들은 또 다른 조화로운 환경들을 거쳐가면서도 그 속에서는 땅에 대한 감각을 잃어버렸던 것이다. 구태여 그런 감각들을 우습게 여기라고 가르침을 받지는 않았겠지만.

프로방스는 관광객으로서가 아니라 친구로서 그곳을 찾는 사람에게, 그리고 그냥 지나가는 것이 아니라 그곳에 사는 사람에게 결코 잃어버릴 수 없는 애착을 교훈으로 준다. 미스트랄[17]은 '고향땅'과 '지나가는 땅'을 구별했다. 이 땅은 '고향땅'이다. 풍경의 침묵에 귀를 기울일 때 우리는 거기서 우러나는 감정에 가

---

[16] 마리 가스케(1872~1960). 생 레미 드 프로방스에서 나고 죽은 작가다. 세잔의 친구로 시인이자 출판인이었던 조아킴 가스케의 아내였다. 10여 권의 책을 저술했으며 『프로방스의 어린 시절』(1926)이 가장 유명하다.

[17] 프레데리크 미스트랄(1830~1914). 프랑스의 시인. 프로방스의 언어와 문화를 지키고 발전시키는 데 평생을 바쳤다. 1904년 노벨 문학상을 받았다.

숨이 뭉클해지지 않을 수 없다. 카드네에서 루르마랭까지 능선들을 따라가노라면 모든 것이 인간과 가까이 있고 모든 것이 인간에게 우정을 보여 뜻이 잘 맞는다. 이 땅은 인간을 소홀히 대하지 않는다. 인간이 이 땅을 소홀히 대했다. 이 땅은 인간에게 충직함을 계시하여 주었지만 인간은 그 충직함을 언제나 지키지는 못했다. 사람이 살지 않는 이 마을들, 폐허가 된 성들이 그 슬픈 증거다. 애착 없이는 그 어떤 위대함도 이루어지지 않는다.

그러나 사람들은 애착을 갖기 두려워한다. 얼마나 많은 사람들이 제한받는 것이 두려워 자기가 사랑하는 여인과 결혼하기를 망설이고 자신들의 이념을 표방하는 정당에 가입하기를 망설였던가! 구속당하는 것은 두렵다. 자신의 모든 자유를 잃어버린 것만 같고 '소외'당한 것만 같으리라. 조급하게 마음을 정한 경우라면 그건 너무나도 분명해진다. 그러나 서서히 무르익은 과일의 맛이 그만큼 더 달콤할 뿐이다. 심지어 어떤 선택은 우리를 구속하는 것이 아니라 자유롭게 할 수 있다. 어떤 선택을 가장 잘 성사시키게 되는 것은 어떤 장애에 부딪쳤을 때다.

서양의 위대한 인물들은 인간의 삶을 완전히 바꾸어놓았고, 무엇인가를 창조한 인물들은 자신들의 과거를 부정한 것이 아니라 그 과거를 변화시켰다. 그들은 진흙을 빚듯이 사람들과 사물들을 빚어 만들었다. "하나님, 저를 이토록 놀라운 '창조자'로 만들어주신 하나님, 감사합니다!"라고 말할 수 있었으리라. 그들은 물

려받은 유산을 파괴하지 않았다. 그들은 줄 수 있는 모든 것을 그 유산에 되돌려주었다. 한 노동자의 아들과 한 농부의 아들이, 그 처지가 달라졌다 해도, 여전히 그의 가족과 가까이 지내고 그들이 하는 일에서 결코 연장도구와 땅을 잊지 않는 것을 보면 아름답게 느껴진다.

루르마랭 성을 지어서 계속 관리하고, 또 나중에 그 성을 보수 복원하여 그곳을 정신적인 중심지로 만들어놓은 의지는 파괴적이 아니라 창조적이다. 그 의지가 강조해 보이는 것은 더하기의 표상이지 빼기의 표상이 아니다. 나는 그 의지에 감탄한다. 그러나 더 젊을 때였다면 어쩌면 나는 그것을 매우 싫어했을지도 모른다. 이제 나는 다만 파괴하는 것이 건설하는 것보다 쉽고, 부정하는 것이 긍정하는 것보다, 의심하는 것이 믿는 것보다 더 쉽다는 사실을 깨닫기 시작했을 뿐이다.

분명 그 의지는 결코 어떤 비속한 생각으로 뜻을 실천한 것이 아니다.

노엘 베스페르[18]는 다음과 같이 쓰고 있다. "삶은 절약을 통해서가 아니라 모험을 통해서 얻어진다." 절약하기보다 창조하기 위해 더 대담해질 필요가 있다. 아니 한 걸음 더 나아가, 모든 것

---

[18] 노엘 베스페르(1882~1944). 개신교 목사이자 소설가. 친구인 로랑 비베르, 작가 앙리 보스코와 더불어 루르마랭 성을 복원하는 데 크게 기여했다. 장 그르니에의 친구이기도 했다.

을 헐뜯고 허물어뜨리기보다는 창조하기 위해, 자신의 창조를 굳게 믿기 위해 더욱 대담해질 필요가 있다.

 루르마랭이 만약 어떤 상징적 영웅을 선택해야 한다면, 프로메테우스를 선택하지는 않으리라. 그 영웅은 일련의 끊임없는 재앙들을 겪으면서 자신이 최선이라고 여기는 어떤 세계를 향하여 지칠 줄 모르는 열정을 불태움으로써 현대적 정신을 표상한다(프로메테우스는 탄탈로스의 미화된 이미지다). 루르마랭은 오히려 하늘의 질서를 뚫어질 듯 응시하면서 땅의 질서를 거기에 맞추었던 오르페우스를 선택하리라.

 이상적인 것을 배제하자는 말이 아니다. 여기서의 핵심은 있는 그대로의 것을 고양시키자는 말이다. 장님이 된 오이디푸스가 자기 자식의 얼굴에서 오직 한 사람에게만 속할 수 있는 얼굴 윤곽을 손가락으로 더듬어 찾으려고 했듯이 예술가는 현실의 모습을 '열심히'con amore 추구한다. 다른 누구와도 닮은 데가 없는 그 얼굴 모습에서 그는 신과의 어떤 닮음을 발견한다. 이 고장은 너무나도 훌륭하게 빚어졌기에 우리는 장인匠人이 된 어떤 신의 작품이라고 여기지 않을 수 없다. 지난 세기의 역사는 큰 사건들이 오직 그 무슨 민중운동들의 결과라고만 생각한 나머지 위인들을 무시했다. 이제 여기서 그 위인들은 진정한 자리를 되찾는다.

 프로방스와 이탈리아에서는 여러 기념물들이 이름 없는 민중에 의해, 맹목적인 숙명에 따라 세워진 것이 아니라 이름이 알려진 사람들에 의해 특정한 어느 시기에 분명한 목적을 위해 세워졌음을 거기에 새겨진 명문^{銘文}들이 우리에게 상기시킨다. 인간이 그의 한계를 의식하고 있으므로 이것은 신인동형론이 아니라 '휴머니즘'이다.

  오늘의 세계에 결핍된 것이 하나 있다면, 바로 인간적인 것에 대한 감정이다. 지난 세기가 기계에 대하여 가졌던 찬양 일변도의 감정, 그 결과 그토록 많은 사람들을 얽어매는 예속(기계와 아무 상관이 없는 사람들까지도 기계를 찬양하는 지경에 이르렀기에)을 생각해볼 때 인문주의야말로 그런 찬양과 예속에서 우리를 벗어나게 해줄 수 있을 것 같다. 학교에서 배우는—무조건 문법과 사전에 의존하여 어름어름 읽고 해독하는 그리스어와 라틴어 같은—인문학을 말하는 것이 아니다. 그런 인문학으로는 충분치 않다. 그게 아니라 인간을 새롭게 할 수 있는 지중해의 서민적 지혜와 만나는 것을 말한다. 그 어떤 정치적·사회적·종교적 혁명들이 일어난다 해도 지중해는 그보다 더 젊은 동시에 더 오래되었다. 어찌 되었든, 오늘날과 같은 가장 치열한 전쟁판에서라 할지라도, 지중해의 찬란한 모습은 시기심에 찢긴 이 세계 밖으로, 플라톤이 말하는 저 신의 자리까지 우리를 들어 올리는 데 도움이 될 수 있다. 플라톤은 그 신에 대하여 이렇게 말했다. "그는 선했으며 선한 것은 시기심으로부터 영원히 자유롭다."

그리스

...
나는 조각상들의 죽은 듯 표정 없는 눈을,
그 눈에 가득한 그 모든 고독을 생각해본다.
삶에서 멀리 물러나 있는 그 존재들만이
오로지 삶을 판단할 수 있다.
...

인간의 모습을 생각하다

인간의 모습을 생각한다는 것은 먼저 수많은 소묘가들과 화가들이 인간의 모습을 보고 그린 그림들을 그 불가분의 관계 속에서 생각하는 일이다. 어떤 사람들에게는 살아 있는 존재의 모습들이 심지어 대리석이나 색채로 된 모습들만큼의 힘도 발휘하지 못한다. 그들은 살아 있는 모습들에서 공허함을 볼 뿐이다. 그 모습들을 다듬어 만든 이[1]는 아마도 그 모습들 속에 담을 수 있는 의미 있는 모든 것을 다 생각한 것은 아니리라. 그 모습들은 동시에, 혹은 차례로, 너무나 많은 것을 의미하고 있어서 우리는 그 속에서 길을 잃을 지경이다. 그 인간의 얼굴들은 묶은 끈이 풀린 한 다발의 꽃과 같다. 반대로 일단 결정적으로 고정된 얼굴들은 단

---

1 ____ 조물주인 신을 가리킨다.

한 가지만을 의미하기만 해도 오래도록 여러 가지를 암시할 수 있는 원천이 된다. 그 얼굴들은 그냥 그대로 있는데 그 주위에서 우리가 변한다. 그 얼굴들과의 만남은 매번 그 쪽에서 말하고 우리 쪽에서 침묵하는 그런 대면이다. 그리하여 그 얼굴들은 항상 우리가 처음에 이해한 것 이상을 우리에게 말해준다.

일체의 예술적이고 지적인 관심을 제쳐놓더라도, 미술관에서 살아 숨 쉬고 있는 초상들에 우리가 어찌 마음이 끌리지 않을 수 있겠는가? 나이가 젊은 사람은 자기가 찾고 있는 것이 무엇인지 잘 모르지만 자기 내면 깊은 곳에 무엇이 있는지 알고 싶어 한다. 그것은 내적 분석으로는 결코 만족시킬 수 없는 호기심이다. 그가 유복하게 태어난 젊은이라면 자기 주위에서 어떤 메아리나 그림자가 아니라 어떤 시금석이나 판단기준을 찾으려고 할 것이다. 그는 그 자체는 변하지 않으면서 상대방에게서 변화가 일어나도록 촉발하는 데 집착할 것이다. 그는 긴 여행을 할 수도 있으리라. 그림의 모델이 되었던 실제 인물의 삶과 죽음을 초월하여 존재하는 그 모든 모습들 가운데, 어떤 것들은 우리에게 우리 자신에 대한 피상적인 정보들만 제공할 뿐이고, 또 어떤 것들은 더 멀리 더 깊이 나아갈 수도 있으니까 말이다. 그중 어떤 것들은 다만 몇 달, 몇 년밖에는 그 가치를 유지하지 못한다. 또 다른 것들은 아주 많은 시간이 지난 뒤, 수많은 복사본들을 거쳐서 우리가 마침내 원본을 발견했을 때에야 비로소 그들과의 긴 만남의 과정이 매듭지어진다. 그러나 지금부터 그때까지는…….

지금부터 그때까지 우리는 일 소도마[2]의 그림 「시에나의 성녀 카테리나」[3]의 무기력함에서 마사초[4]가 그린 성모상들의 거침없고 당당한 모습으로 이동할 수도 있다. 얼버무린 곡선 — 어떤 약점을 감추고, 도피를 준비하는 — 을 포기하고 확실한 획, 꽉 찬 윤곽, 자신만만한 시선 쪽으로 나아가는 것이다. 성년에 이른 것이다. 어떤 시선은 상대방을 뚫어지게 보면서 가면을 벗도록 강요한다. 이는 그 자체가 그만큼 벌거벗은 시선인 것이다. 인간이 마침내 그 통일성을 달성했음을 드러내 보이고 우리들로 하여금 그 통일성을 달성하도록 재촉하는 시선 말이다. 그렇다. 매력이란 오래 지속할 수 없는 한낱 오해와 불명확함에 지나지 않는다. 우리는 일시적인 유혹이 아니라 진실을 강요하는 것만을, 즉 지속적으로 강요하는 것만을 사랑한다.

예스러운 코레[5]들의 미소에서 다 빈치가 그린 「성 안나」의 미

---

[2] 일 소도마(본명 조반니 안토니오 바치, 1477~1549). 르네상스 시대 이탈리아 화가로 로마에서 활동하다가 나중에 시에나에 정착해 생애 가장 중요한 벽화들을 그렸다. 흔히 시에나의 거장들 가운데 한 명으로 손꼽힌다.
[3] 시에나의 산타 도미니카 성당의 벽화 「성녀 카테리나의 삶의 장면들」.
[4] 마사초(1401~28). 피렌체에서 활동한 르네상스 시대 가장 위대한 화가들 가운데 한 명이다. 조토의 조형기법을 계승하고, 도나텔로의 리얼리즘이나 브루넬레스키의 공간구성을 배워 초기 르네상스의 회화 양식을 확립했다. 당당한 인간상을 표현해냄으로써 동시대나 후대에 큰 영향을 미쳤다.
[5] 제우스와 데메테르 사이에서 태어난 딸로 하데스가 키웠는데 흔히 '지옥의

소에 이르는 동안은 얼마나 놀라운 쇠퇴의 과정이었던가!⁶ 예술가에게가 아니라(그녀들에게는 서로 비교가 될 만한 것이 별로 없으므로) 인간에게(그녀들에게 매달린 처지인) 얼마나 큰 상실인가. 변함없는 충실성, 다시 말해 변함없이 지속되는 믿음 없이는 그 어떤 것도 위대하지 않다. 마음을 가다듬고 집중하는 명상 없이는 그 어떤 것도 진정하지 않다. 나는 조각상들의 죽은 듯 표정 없는 눈을, 그 눈에 가득한 모든 고독을 생각해본다. 삶에서 멀리 물러나 있는 그 존재들만이 오로지 삶을 판단할 수 있다. 움직일 줄 모르는 그들의 부동성이 우리를 움직여 우리 자신 밖으로 넘어서게 하고 앞을 보지 못하는 그들의 맹목이 우리 눈을 밝혀준다. 오이디푸스는 사람들의 시선을 이끌어 한 곳을 응시하게 한다. 안티고네를 인도하여 그녀가 아테네의 찬란한 빛을 발견하게 하는 것은 다름 아닌 오이디푸스다.

나는 조각상들과 그림들 사이를 누비고 다녔던 그 한낮의 시간들을 후회하지 않는다. 그때 진정한 태양은 유리창을 통해 보이던 그 태양이 아니라 조르조네의 그림 속 들판에서의 식사와 밧

여왕'으로 불린다.
6 ____ 고대 그리스 조각상에서 볼 수 있는 저 부동의 시선은 우리를 인간적인 것의 세계로부터 벗어나게 해준다. 그럼으로써 르네상스 시대 회화 속의 너무나 인간적인 성 안나의 미소보다 더 영원한 것을 시사해준다. 그르니에는 고대에서 르네상스 시대로 옮겨오는 과정을 일종의 후퇴라고 생각했다.

세바[7]의 벗은 몸을 감싸던 그 태양이었다. 그때 애타게 기다렸던 만남은 어쩌면 실제로 이 세상에 살지는 않았지만 언제나 사랑에 빠져 있던 사람들과의 만남이었다. 나는 밤 산책을 하면서 하늘에서 헨드리키에 스토펠스[8]의 어두운 두 눈과 금빛 목걸이를 찾으려고 애썼고 반짝이는 별자리들의 어지러운 선들 속에서 가브리엘 데스트레[9]의 깔끔한 어깨 선, 시모네타[10]의 어렴풋한 살결을 좇아가보려고 노력했다. 그 자체가 온통 꽃이고 살인, '식물의 여신들' 속에서 피어나는 그 여인들. 그 여인들을 수없이 쳐다보고 다시 보고 난 뒤에 그 여인들에게서 벗어나기를 바란다는 것은 별빛을 피하려고 도망치는 일과 마찬가지다.

'인간적인 것'의 이 같은 승리들에는 추위, 바람, 바다, 혹은 침묵과도 유사한 그 무엇이 깃들어 있다. 다시 말해 그것은 '원초적

[7] 구약성서에서 다윗왕이 그 미모에 반해 간음하고 아내로 삼은 여인. 렘브란트가 함께 살았던 헨드리키에 스토펠스(1626~63)를 모델로 그렸다.
[8] 렘브란트는 그녀의 초상을 여러 점 그렸다. 루브르 박물관에는 그 초상화가 남아 있다.
[9] 가브리엘 데스트레(1573~99). 1591년 이후 프랑스 왕 앙리 4세의 애첩이 되어 영화를 누린 여인이다. 「목욕하는 귀부인」 「가브리엘 데스트레와 그녀의 언니」 등 인상적인 초상들이 남아 있다.
[10] 시모네타 베스푸치(1453~76). 르네상스 시대의 귀족 부인으로 처녀명은 시모네타 카타네오다. 메디치 궁정에서 '아름다운 시모네타'(La bella Simonetta)라는 별명을 얻었듯이 매력적인 미모로 이름을 떨쳤다. 특히 산드로 보티첼리의 「젊은 여인의 초상」 「시모네타 베스푸치의 초상」 「봄」 「비너스의 탄생」 등 많은 걸작들 속의 모델로 미술사에 길이 남았다.

인 것'의 성질을 지닌다.

또 다른 어떤 순간에, 우리는 더욱 비밀스럽고 너무 요란스럽게 드러나지 않는 아름다움을 동경한다. 그런 경우는 아마도 후일에, 대자연이 흐린 거울을 닮아 걸작들이 발산하는 그 화려함을 더 이상 반영해 보이지 않을 때이리라. 그리하여 우리는 자신이 어떤 초상들 앞을 어지간히도 빨리 지나쳤다는 사실을 깨닫는다. 그리고 어떤 새로운 여행을 시작한다. 이제부터 '비타 누오바'(새로운 삶)인 것이다.

어떻게 하여 나는 케라메이코스[11]의 돌기둥들 위에서 평온함으로 가득한 그 감동적인 시선들을 보지 못했을까? 어떻게 하여 나는 산타 크로체 성당[12]에서 아시시의 프란체스코 성인의 매장 장면을 그리도 냉정한 눈으로 바라볼 수 있었을까? 어떻게 하여 코르네유 드 리옹[13]이 남긴 몇몇 초상화들 앞에서, 그토록 보기 드문 색채의 조화, 겸손한 색조, 무표정한 시선을 대하면서 나는 현성용顯聖容이라고밖에 달리 표현할 길 없는 그 무엇에 사로잡

---

[11] 그리스 아테네의 옛 도기 제조창 유적지.

[12] 이탈리아 피렌체에 있는 바실리카 교회. 아시시의 성 프란체스코가 죽은 직후에 프란체스코회 수도사들에 의해 세워진 작은 교회 터에 1294년에 건축하기 시작한, 프란체스코 교회 중 세계에서 가장 큰 건물로 많은 유명 화가들의 작품들을 소장하고 있다.

[13] 코르네유 드 리옹(1510경~1575). 16세기 프랑스와 네덜란드에서 활동한 왕실 초상화가로 무수한 걸작들을 남겼다.

히지 않을 수 있었을까?

　오직 '고대예술'만이 내 눈을 열어줄 수 있었다. 고대예술과 처음으로 접촉했던 때가 기억난다. 런던에서였다. 루브르의 대리석상들은 내게 너무나 익숙하여 그저 단순한 억지 감탄을 불러일으킬 뿐이었다. 함축적인 의미에서 그 석상들은 너무 달아빠져서 '반질거린다'는 느낌이었다. 내게는 낯섦이 필요했다. 그런데 바로 런던은 낯설게 만드는 데 있어 발군의 도시다. 그 도시의 딱딱한 모습은 빠져나갈 구멍을 허락지 않는다. 이내 외톨이로 격리된 느낌이 들어서 자기 자신과 대면하게 된다. 우리는 자신의 내면에서 생각조차 못했던 여러 가지 저항들에 부딪치고 쓰라림의 바닥에 닿는 듯한 느낌에 놀라움을 금치 못한다. 무엇인가가 파열하면서 가슴이 세계의 모든 차원들을 향하여 깨어난다. 마치 감미롭고 보편적인 어떤 신경과민 비슷한 것이다.

· · · · · · · ·

　대영박물관에서 마주친 몇몇 대리석상들이 기억난다. 나는 매일같이 그 석상들 앞에서 떠나지 못한 채 서성거렸다. 자신의 딸을 찾아서 온 세상을 헤매고 다니다 지친 데메테르[14]가 마침내 걸음을 멈춘다. 그리고 앉아서 평소와 같이 외투자락의 주름을 여민다. 고통으로 턱이 긴장하고 양쪽 입술 가장자리가 일그러지는 것을 겨우겨우 참는다. 두 눈은 크게 뜨고 있다. 어미가 제 아이를 잃었으니 생살의 일부를 도려낸 것이나 다름없다. 우리 인간이 동물과 다를 바 없음을 확인시켜주는, 상처받은 모성애의 감정이야말로 아마도 대자연이 지닌 섭리의 본질일 터이다. 그토록 넓은 지평을 열어주고 본능의 벌거벗은 모습을 백일하에 드러내는 상처는 분명 피상적인 것이 아니다. 그렇지만 데메테르는 니오비데들[15]처럼 필연의 화살에 맞아 쓰러지지 않는다. 불의에 맞서 반항하지도 않는다(미켈란젤로의 「노예들」은 어디 있는가?). 데메테르는 복종해야 할 세상의 법에 눈뜬다. 나는 여기서 영혼의 한결같음이 무엇인지 깨닫는다. 포기하지도 말고 경직되지도 않은 채 자신의 유한성을 받아들여야 한다. 비장함, 그렇다. 하지만 고통이 자신의 일부임을 인정하기에 극복된 비장함이다. 그녀는 자신의 고통을 소유한다. 그래서 그 소유를 통해서 그녀는 자유롭다.

마우솔로스[16] 상은 더 빈번히 내 발걸음을 멈추게 한다. 아내와

---

[14] 그리스 신화에서 농사와 추수의 여신. 죽음의 세계를 관장하는 하데스가 아내로 삼을 목적으로 자신의 딸 페르세포네를 납치하자 땅의 추수를 버려둔 채 딸을 찾아 나선다.

[15] 그리스 신화에 나오는 니오베의 자식들을 말한다. 니오베는 테베의 왕 암피온의 아내로 7명의 아들과 7명의 딸을 낳았다. 그녀는 아폴론과 아르테미스의 어머니 레토보다 더 많은 자식들을 낳았다고 자랑하며 여신을 모욕했는데, 레토의 두 아들이 니오베의 자식들을 활로 모두 쏘아 죽인다.

함께 수레 위에 나란히 서 있는 그 자태는 너무나 소박해서 마치 자신이 왕이었음을 미안해하는 것만 같다. 이마에는 깊은 주름 하나가 관자놀이 이쪽에서 저쪽으로 가로지르고 짙은 눈썹 아래 퀭한 두 눈은 마치 좀더 잘 보려는 듯이 대상들로부터 물러난다. 세계와 그 사이에 거대한 평화가 가로놓인다. 여기 오십대 남자가 있구나, 하고 나는 혼자 생각한다. 그런데 이 깨달음이 내 마음을 슬프게 한다. 그의 곁에는 죽은 뒤에도 일편단심일 아내가 있다는 사실을 나도 잘 안다. 그러나 그는 앞만 똑바로 보고 있다. 그는 아내를 사랑한다. 때로는 그 애정 때문에 가슴이 으깨질 것 같다. 그러나 한 여인이 전 존재를 다하여 집착하는 어떤 것인 양 사랑받아서는 안 되는 것이기에 그는 사랑받는 것 때문에 괴로웠고 자신의 고유한 가치, 자신의 가장 내밀한 실체가 무시당하는 것을 보고 괴로웠다. 이제 그는 더 이상 괴로워하지 않는다. 그러나 여인의 얼굴은 훼손되어서 그 모습은 찾아볼 길이 없다. 어떻게 그녀의 이름을 기억인들 할 수 있겠는가? 그저 한 여인인……. 그가 그녀에게 말을 건넬 때는 마치 고대 비극에 등장하는 어떤 주인공처럼 "여인이여……"라고 말하는 것이었다. 짐작컨대 그토록 오랫동안 함께한 삶의 상징일 듯한 그 조각상에는

---

16   기원전 4세기 고대 그리스의 카리아 지역의 태수. 대영박물관은 그의 거대한 석상을 소장하고 있다.

짓누르는 듯한 그 무언가가 느껴진다. 부부 사이의 사랑—그 완만한 자아의 재구성—어떤 간절한 질서를 향한 그 날마다의 노력—어떤 엄청난 행복 또는 엄청난 불행, 그러나 언제나 침묵 속에서의.

*

 이탈리아는 그곳에 찾아와 머무는 사람들에게 덫을 놓는다. 그 덫에 걸려들면 죽을지도 모른다. 북유럽은 여러 가지 의욕 저하에 미리부터 대비시키지만 여기서는 모든 것이 다 그것을 조장하는 경향이 있다. 이곳에서는 예술이 오감에 비위를 맞추고, 사람의 마음을 잠 속에 빠뜨려 기만적인 감상주의로 흐르게 한다. 예술이 대자연의 갖가지 포기상태와 너무나 잘 들어맞는다. 소도마와 조르조네 류의 그림들에 현혹되어 한동안 미켈란젤로와 만테냐의 작품들을 소홀히 할 수도 있다. 그렇지만 벌써 진실의 맛이 내 속에 깊이 침투해 있었다.
 로마는 정신을 짓눌러 부숴버리든가 아니면 그 정신을 더욱더 견고하게 만든다. 바로 이런 점에서 고대인들의 정신적 힘은 영원 사상에 기대고 있다고 볼 수 있다. 테르메 미술관[17]에는 몇 가지 비할 데 없는 삶의 모델들이 모여 있다. 어떤 형상들은 지나칠 정도로 우리의 감정에 호소한다. 가령 버림받은 여인인 아리아드네[18]의 모습이 그렇다. 옆모습을 보면 열여섯 살 소녀다. 뺨은 터질 듯 통통하고 목은 볼록하며 굽이치는 머리칼은 왕관 모양을 이룬다. 그러나 정면에서 보면 견디기 어려운 고통으로 입은 반쯤 벌려 있고 아랫입술은 단말마의 비명을 토하듯 삐죽 나와 있으며 두 눈은 이미 숨을 거둔 주검처럼 굳게 감겨 있다……. 그녀는 저쪽, 너무나 먼 곳에 있다(그리스 조각의 얼굴들이 하나같이 드러내 보이는 이 '거리감'은 도대체 어디서 오는 것일까? 이것은 육체가 가장 깊은 고통 속으로 끌려들어가는 순간, 예수의 "나를 만지지 마라"[19]가 아니고 무엇이겠는가). 그와 동시에 그녀는 존재 그 자체만으로도 자기를 배반한 자, 다시 말해서 우리 모두를 용서할 수 없는 존재로 단죄하고 있다. 메두사는 더욱 미묘한 질문을 던진다. 그녀는 잠들어 있는지 죽어가는지 알 수가 없는데, 그녀를 그냥 두 가지 이름으로 구별하지 않고 불러도 되는지……. 나는 그녀의 억센 용모, 두툼한 입술, 이마에 달라붙은 머리칼을

---

17 로마 국립박물관의 역사 부문 전시관을 말한다.
18 크레타 왕 미노스의 딸로 아테네의 왕자 테세우스를 크레타 섬의 미궁에서 탈출할 수 있게 도와주었다. 그러나 함께 간 낙소스 섬에서 테세우스는 아리아드네가 잠든 사이 혼자만 귀국길에 올랐다.
19 라틴어로 '놀리 메 탄게레'(noli me tangera). 무덤에서 부활한 예수는 막달라 마리아가 뒤늦게 자신을 알아보고 몸을 만지려 하자 이와 같이 정색하며 말했다(「요한복음」 20:11~18). 그 순간 예수와 마리아 사이에는 거리감이 생긴다. 두치오, 조토, 프라 안젤리코, 티치아노 등 많은 화가들이 이 장면을 그렸다.

좋아한다. 아폴론 신에게 패한 그녀는 두 눈을 내리깔고 있다. 그러나 신은 그녀에 대하여 표면적인 승리를 거두었을 뿐이다. 우리는 생명이 그녀를 완전히 포기하지 않으리라는 것을 충분히 느낄 수 있다. 생명이 그녀의 두 뺨을 떠난다 해도 목으로 옮겨갈 것이고 목을 떠난다 해도 심장으로 옮겨갈 것이다. 심장이 박동을 멈추면 생명은 또 마지막으로 더 은밀하게 물러날 곳이 있을지도 모른다. 생명이 스스로에게서 벗어나는 것은 스스로를 얻기 위해서, 그 원천으로 거슬러 오르기 위해서다. 멀리서 전해져 오는 그 숨소리가 들리는 것만 같다. 밤에 어머니 대지의 깊숙한 곳으로 뿌리를 뻗는 식물들의 숨소리가. 우리는 저마다 존재의 기원에 대한 신비를, 그 미지의 자원들을, 그 미개척의 영역을 생각하게 된다.

이제 더 이상 내게 '고전적 아름다움'에 대하여 말하지 말라. 그보다는 차라리 완전히 파괴된 한 세계의 반쯤 지워진 저 이미지들 속에서 나 자신의 모습을 알아보는 방법을 가르쳐달라. 너무나 많은 해석이 고대 작품들이 가진 본래의 의미를 가린다. 우리는 세상에서 가장 마음 아픈 광경들 중 하나를 아를의 석물石物 박물관에서 만난다. 지라르동[20]이 복원 작업을 하기 전과 후

---

[20] 프랑수아 지라르동(1628~1715). 프랑스 바로크 양식의 대표적인 조각가. 베르사유 궁전 거울 갤러리에서 가진 자신의 전시회에 맞춰 아를의 그리스 로마 시대의 조각품인 비너스를 복원했다.

의 비너스 주조물 두 점이 바로 그것이다. 모든 우아함이, 더불어 모든 생명력이 다 사라져버렸다. 선은 어쩌면 그대로일지 몰라도 그 음악은 증발해버렸다. 우리는 여기서 지난날 우리 프랑스인들에게 그토록 많은 해를 끼쳤고, 오늘날에도 여전히 우리에게 강요하려 드는 가짜 고전적 취향을 눈앞에 보고 있는 것이다. '논리적 이성의 인간'의 표상으로 소개되곤 하는 인물, 즉 소크라테스는 테아이테토스[21]에게 "어떤 꿈 대신에 하나의 꿈을 받아들이라……"고 했다.[22] 아크로폴리스 승리의 여신들과 델포이 무희들의 옷자락 주름마다에는 얼마나 놀라운 자유가 깃들어 있는가! 사람들은 우리에게 질서를 제시하면서 그 질서가 사물들에 선행하기를 바란다. 그리스의 질서는 모든 경험들이 총합된 다음에 온다. 우선 삶이 송두리째 다 받아들여진 다음에 삶이 모범으로 삼는 어떤 아름다운 얼굴 바로 그것이다. 어떤 곧음(그러나 고딕의 곧음은 아니다), ─대조되는 것들을 받아들여서 한데 녹인 화합. 가령 페르시아인들 가운데 그 누구보다 더 음란하고 스파르타에서 그 누구보다 더 금욕적인 알키비아데스. 그리고 그것은 아마도 하나의 예외이겠지만 그 예외는 존재한다. 그것은 바로

---

[21] 플라톤의 후기저작 『테아이테토스』에서 나오는 젊은 수학자. 그는 테오도로스의 제자로 소크라테스와 지식에 대한 문답을 나눈다.
[22] 아마도 그르니에는 논리적 인간의 표상인 소크라테스 역시 자신의 말을 스스로 부정하는 자유를 인정한 인물로 보는 것 같다.

무한한 변주를 통해서 저마다의 존재가 가지는 가장 은밀한 욕망이다. 곧음은 반드시 사물 자체에 존재하는 것은 아니고 시선 속에 존재해야 하는 것. 바로 그리스의 균형, 다시 말해서 우리의 균형이다. 한 인간은 흥분이 지나쳐 정신을 못 차릴 정도가 되지는 않을 만큼 자긍심을 충분히 가져야 한다. 또 자신에게 모든 운명을 걸지는 않을 만큼 자신을 우습게 알아야 한다. 자신의 운명을 향해 곧장 달려가는 사람은 언제나 숨은 위험에 부딪치지만, 만약 그가 자신의 귀중한 짐의 일부를 버릴 줄 안다면 균형이 회복되어 마침내 구원받는다고 아이스킬로스는 말한다.

*

이상으로 나는 어느 시대의 것인지 정확하게 알 수 있는 몇몇 이미지들로부터 어떤 보편적인 교훈을 이끌어낼 수 있다는 생각을 밝혔다. 그렇지만 나는 도시를 관장하는 신인 아테나가 우리의 땅과 우리의 사자死者들에게 아무런 영향력도 가질 수 없었다는 사실을 깨달았다. 그리고 나는 또 영원에 대한 향수와 스스로에 대한 확신에 찬 신중함이 서로 대립하는 것을 수없이 보아왔다. 나는 이 증언들에 맞서 일어서야 한다. 이 증언들은 오직 부분적으로만 거짓이라 해도 나를 속일 가능성이 있었으므로, 그만큼 더 거짓인 것이다. 나로서는 아테네에 도착하는 즉시 아크로폴리스로 달려가 제일 먼저 눈에 띄는 돌기둥을 힘껏 끌어안는다면 이는 분명 자연스러운 행동은 못될 것이다. 나는 사물들과의 이런 접촉을 존중한다. 그러나 나는 그리스에서 너무나 멀리 떨어진 곳에서 태어났고 너무나 많은 사고의 습관들이 나와 고대를 갈라놓고 있어서 그런 행동은 할 수가 없다. 달리 행동한다면 그것은 고대와의 사이에 가로놓인 거리를 헤아리지 못했던 지라르동을 정당화해주는 일이 될 터이다. 그러나 이런 거리들을 일단 헤아리고 나면 내 눈에는 그리스와 나 사이에 깊이 감추어진 어떤 연결점이 보인다. 특이한 볼거리나 비장한 무언가를 구경할 수 있을까 하고 이곳에 온 사람들은 은근히 실망하고 돌아갔다. 위대한 사람들이 그랬다고 털어놓은 바 있다. 이른바 '그리스 여행'이라는 것의 의미에 대한 합의가 있어야겠다. 다른 나라들과는 상이한 어떤 역사와 어떤 모습을 지닌 하나의 땅으로서의 그리스가 분명히 존재한다. 그러나 다른 한편에는, 우리 존재의 가장 은밀한 동경을 상기시키는 힘으로서의 그리스 또한 존재한다. 그런 그리스가 명하는 것은 우리 자신에 대한 성찰, 우리에게 주어진 조건과 우리가 가야 할 길에 대한 성찰이다. 그와 같은 계시를 왜 마다하겠는가? 얼토당토않은 그 무슨 서정적 표현으로 속이려 들어봐야 헛일이리라. 여기서는 예술가가 끼어들 여지가 없다. 폐허를 파내어 겉으로 드러내는 일에는 토목 인부들이면 충분하고 폐허에 표지판을 다는 일에는 그쪽 전문가들이면 된다. 자세히 묘사해야 할 것도 없고 이야기해야 할 것도 없으며 시적으로 미화해야 할 것도 없다. 세찬 햇빛에 시달리는 반드러운 돌덩어리들이 늘어서 있는 곳 그 어디에 마음 붙일 데가 있는가? 즐기는 것은 불가능하다. 이해해야 한다. 살면서 딱 한 번 제기되는 딜레마이므로 마음속에서 선택할밖에. 피할 수 없는 일임을 인정하자. 호소할 곳 없이 오직 우리들 자신에게만 맡겨진 것이다. 아니 우리가 마침내 우리 자신으로 되돌아왔다고 해야 옳으리라. 기분전환을 위하여 잠시 다프네 신을 모신 작은 비잔틴 교회를 방문해본들 무슨 소용인가? 분명 이것은 민족과 전통의 문제다! 고대 그리스 사람들이 우리와 아무런 공통점이 없다는 것을 나도 인정한다. 단 한 가지만을 제외하고. 그런데 그 하나가 중요하다. 터득한 공식들이며, 독창성이라고 여기는 편견들은 이제 버려야 마땅하다. 우리에겐 어울리지 않지만 어쩔 수 없이 벌거벗은 모습이 드러나버린 지금, 잘난 체하는 태도는 취하지 말자. 가장 비천하고 자랑스럽지 못한 모습으로서의 육체가 문제의 핵심이고 보면 여기서 정신의 우아함은 쓸모가 없다. 예상 밖의 만남들이요 결정적인 포기이니 이쯤 되면 가장 단순하고 가장 심각한 말로 할 말은 다한 셈이다.

 엘렉트라는 다시 만난 동생 오레스테스의 어깨를 얼마나 힘차게, 얼마나 애틋하게 두 팔로 껴안는가? 만나지 못한 채 헤어져 지낸 세월도 그 두 사람을 진정 갈라놓지는 못했다. 그들이 서로를 알아보는 데는 한 마디 말이면 족했다. 그들의 포옹은 특정한 어느 날 시작된 것이 아니다. 그 포옹은 그들의 고귀한 혈통처럼 그 기원에서부터 연면히 이어져온 것이다. 같은 나폴리 박물관에 에우리디케 신화가 구체적으로 실현되어 있다고 생각하면 즐겁다. 메르쿠리우스는 혈기 왕성한 장정이라 제 사랑의 포로쯤은 힘들이지 않고 붙잡아둘 수 있다. 그러나 오르페우스의 태도에서는 얼마나 억제된 감동을 느끼게 되는가! 아내인 에우리디케는 너무나도 잦은 애무로 익숙해진 남편의 어깨에 한 손을 얹고 있는데 오르페우스는 아내 쪽으로 온몸을 기울여, 보고 또 보아도 싫증이 나지 않는 것 같다. 이것은 그저 살아가는 동안의 한 장면을 구체적으로 보여주었을 뿐이라고 해야 할까? 우리가 여기서 목도하는 것은 이러지도 저러지도 못한 채 고민하게 만드는 두 가지 본능, 즉 삶에 대한 사랑과 뜨거운 앎에의 욕구 사이의 갈등이 절정에 달한 모습이 아닐까? 우리는 욕망의 대상을 결코 똑바로 바라볼 수 없을지도 모른다. 그랬다가는 그 대상이 사방으로 흩어져 사라지고 말테니까. 이 세계는 그러니까 가만히 응시하면 먼지가 되어 사라져버리는 것일까?

  그리스인들에게 인간의 삶이란 정말이지 영원한 그 무엇인가의 한갓 표상에 지나지 않는다. 신들의 얼굴보다 더 열린 것도, 더 닫힌 것도 없으리라. 영혼은 관습과 믿음과 조심성의 껍질로 감싸여 있지 않은가? 인간은 누구나 하나의 가면을 쓰고 있다.

옛날에 배우들이 그랬듯 예술가는 가면을 바꿔 쓴다. 예술작품의 신비는 가면과 얼굴 사이에서 이루어지는 유희와 관계있는 게 아닐까? 가끔 피부가 살에 붙듯 가면과 얼굴이 딱 붙어버린다. 또는 더 자유로운 유희가 입과 두 눈을 노래하게 한다. 웃고 있는 가면 속에서 수수께끼처럼 보이는, 다모폰[23]이 조각한 아르테미스[24]의 시선과 프락시텔레스[25]가 조각한 에우불레우스[26]의 시선은 아름다움 이상으로 진실을 담고 있다. 대자연의 거울인 짐승들의 시선만이 아름답다. 인간의 시선 속에는 두 세계가 교차한다. 겉모습 하나하나가 질문이고 이야기 하나하나가 비밀이다. 무엇인가 알려고 하고 자신 또한 알려고 하는 것이 인간이지만, 그 인간의 시선 속에는 금지가 왜 그리도 많은가!

*

여기서 동방까지는 얼마나 먼가! 동방은 보편적 존재와의 합

---

[23] 기원전 2세기경 그리스 메세네의 조각가. 그의 작품의 몇몇 부분들이 아테네 고고학 박물관에 소장되어 있다.
[24] 그리스 신화에서 자연, 수렵, 분만의 여신. 아폴론과 쌍둥이 남매.
[25] 기원전 4세기경 그리스의 조각가. 인간적인 감정을 지닌 섬세하고 우아한 신상을 많이 제작했다. 「크니도스의 아프로디테」 「헤르메스」 등은 그를 불후의 조각가로 만든 작품들이다.
[26] 그리스 신화에서 '훌륭한 조언자'라는 이름 뜻 그대로 하데스에게 납치당한 딸 페르세포네를 찾고 있는 데메테르에게 조언자 역할을 했다.

일을 가르친다. 그리스는 자신으로 되돌아오라고 가르친다. 한쪽은 우리 자신을 버리게 하고 다른 한쪽은 우리 자신을 의식하게 한다. 인도의 조각은 건축물과 하나가 되어 몸들이 신전이나 회랑이나 기둥들에서 겨우겨우 솟아나오고 있다. 그것은 마치 돌에서 싹이 돋아 오르는 모습들이다. 대자연에서 돌이 싹터 오르듯. 바위들과 부조들과 조각상들과 벽화들이 모두 하나의 덩어리다. 조각상 자체는 뚜렷한 형태를 피한다. 풍성한 곡선들, 과격하게 돌출한 엉덩이와 젖가슴들, 대조적인 태도들과 몸의 전체적인 균형, 이것은 아주 먼 충동을 따라가려는 의지다. 마치 지칠 줄 모르는 대양에 의해 떠밀려왔다가 다시 그 대양을 향해 빠져나갈 태세인 파도와 같다. 흘러가는 시간 속의 한 순간, 광대한 공간 속의 한 점, 이것이 바로 인도가 우리의 삶과 정신에 대하여 제시하는 이미지다. 여기서는 어느 하나 엄격하게 형이상학적이지 않은 것이 없고 그리스적인 질서와 부딪치지 않는 것이 없다. 인간은 지워져버린다.

 무수한 인간들이 목숨을 잃게 될 전투가 시작되는 순간 아르주나는 연민이 밀려드는 것을 느낀다.[27] 그러나 신은 그의 계급이

---

[27] 아르주나는 힌두교의 경전 『바가바드 기타』에 나오는 인물로 고대 인도국의 왕자다. 그는 왕권을 차지하기 위해 골육상잔을 일삼는 현실에 회의를 품고 전투에 앞서 괴로워한다. 이에 친구이자 마부인 크리슈나가 인간 행위의 바른 길에 대해 교설을 펼친다.

다해야 할 의무를 저버리는 것을 부끄럽게 여기도록 만들고 그 가책을 털어버릴 수 있도록 그에게 최후의 진리들을 계시해준다.

"현자들은 죽는 자에 대해서도 사는 자에 대해서도 연민을 느끼지 않는다. 너와 지상의 모든 군자들과 마찬가지로 나는 항상 존재했다. 그리고 우리는 결코 존재하기를 그치지 않을 것이다. 태어남도 없고 죽음도 없다. 어느 누구도 존재하기를 시작하지 않았고 존재하기를 끝내지 않을 것이다. 몸이 강타당할 때도 영원한 영혼은 강타당하지 않는다. 영혼이 불후 불멸임을 아는 자일진대 어찌 그가 죽게 하고 죽이는 것을 상상할 수 있겠는가? 사람이 새 옷을 입기 위하여 헌옷을 벗듯이 영혼도 낡은 육신을 벗고 새로운 다른 육신과 결합한다. 칼이 영혼에 상처를 입히지 못하듯 불이 영혼을 태우지 못하고 물이 영혼을 적시지 못하듯 바람이 영혼을 메마르게 하지 못하나니……. 오관으로 감지할 수 없는 영혼은 상상할 수도 없고 변화에 영향을 받지도 않는다. 영혼이 그러함을 알기에 그대는 그 어떤 연민도 느낄 수 없으리라……."

"언제나 위협당하는 사랑"의 연약함은 어디에 있는가? 크리슈나에게서 힘을 얻어 강해진 전사는 이제 더 이상 주저하지 않는다. 신의 진리가 그의 마음속에서 인간적인 감정을 모조리 없애버린 것이다. 인도는 그리스처럼 삶의 상징체계를 목표로 삼지 않고, 덧없는 것을 신격화하지 않으며 오직 생성변화로부터 벗어나 불변의 것 속에 고정되기를 꿈꿀 따름이다. 하늘과 땅 사이 정중앙에 자리 잡은 헬라드[28]는 이방의 신들에게 헬라드가 아니면 가질 수 없었을 형상을 입혔다. 양쪽 어깨 위에 양을 한 마리 들쳐 메고 있는 메르쿠리우스[29]는 목자 예수 그리스도의 첫 번째 모습이 아닐까? 또 우리는 때때로 붓다에게서 아폴론 신의 모습을 엿볼 수 있지 않은가? 알렉산드로스 대왕이 인도에 아폴론의 모델들을 보여주었던 것이다. 만약에 마호메트가 허락했더라면 이슬람 사원들은 헬레니즘 양식에서 힌트를 얻은 대리석 조각상들로 가득 채워졌으리라. 그리스는 그 문명이 접근하는 곳이면 어디서나 '명확히 규정한다.' 가장 드높은 형이상학을 가르치는 교사이며 사물들의 음악에 심취한 인도이고 보면, 내가 그리스 델포이 박물관 어느 소년의 청동 조각상에서 보았던 그 팔의 순수한 선은 결코 창조해내지 못했으리라. 그런 윤곽선이 보여주는 확고부동함이 가능성과 의무를 동일시하는 우리 같은 종족의 인간에게는 좋아 보인다. 대리석과 에게 해 쪽 세계와 견주어보면, 그토록이나 비가공의 것으로 느껴지는 화강암과 대서양 쪽 세계는 저항의 유파에 속한다. 몸속에서 솟아나며 몸을 풍요롭게 해

---

[28] 그리스에서는 헬라스(Hellas)라고도 한다. 펠로폰네소스와 대비시켜 그리스 본토의 중앙 지역을 지칭했는데 나중에는 그리스 전체를 가리켰다. 여기서는 그리스 전체를 말한다.
[29] 로마 신화에서 상업과 여행의 신으로 다른 신들의 메신저 역할을 했다.

주는 수액으로 가득한 옛날 조각이 내겐 아직도 더 마음에 다가온다. 제 짝이 아닌 약자들은 좀처럼 공동의 놀이에 끼워주지 않는 어린아이들 특유의 경향, 다른 곳에서 오는 것이면 무엇이나 다 경멸하는 젊은이의 오만, 자신이 선택한 적을 쓰러뜨리는 즐거움, 이런 것들이야말로 아주 자연스러운 충동들이다.

힘은 마땅히 제어되어야 하는 것이지만 그 힘은 우선 충만한 상태로 밖에 드러나야 한다. 셀리논테[30]에 있는 도리아식 작은 벽에는 아마존 여인을 공격하는 헤라클레스의 모습이 새겨져 있는데, 왼손으로는 상대의 머리채를 움켜잡고 얼굴을 제대로 후려칠 기세로 오른팔을 힘껏 쳐들면서 자신의 발로 여인의 발을 짓뭉개고 있다. 자신들이 납치하려는 여인들과 뒤섞여 엎치락뒤치락하는 올림포스의 켄타우로스들 같은 잔혹한 몸짓이다. 그에 비하여 다비드의 「사비니 여인들의 납치」[31]는 '고전적 취향'의 아주 좋은 범례, 즉 고대적인 것과 인간적인 것에 대한 이중의 풍자다.

---

[30] 기원전 7세기 중반 시칠리아 섬 남쪽 해안에 있었던 옛 그리스 도시. 오늘날 발굴되어 고고학적 유적으로 남아 있으며 헤라 신전이 대표적이다.

[31] 여기서 「사비니 여인들의 납치」는 자크 루이 다비드의 그림이 아니라 니콜라 푸생의 그림을 말한다. 다비드는 이 그림에 영감을 받아 1799년에 「사비니 여인들의 중재」라는 역사화를 그렸다. 이 그림은 플루타르크가 전하는 에피소드, 즉 타티우스가 이끄는 사비니 사람들과 로물루스가 이끄는 로마 사람들 사이의 싸움을 사비니 여인들이 멈추게 하는 내용이다. 그림의 한가운데에 사비니 여인인 헤르실리아가 팔을 벌려 타티우스와 로물루스의 싸움을 말리고 있다.

그러나 이 싸움들은 한낱 서곡에 불과하다. 올림포스에서 아폴론 신은 당당한 몸짓으로 싸움을 저지시킨다. 셀리논테에서는 살인의 장면들 옆에서 헤라가 제우스에게 속마음을 털어놓으려 하는데, 제우스는 좀더 멀찍이 세워두고 찬찬히 살펴보기 위해 팔로 그녀를 밀어낸다. 끊임없이 싸우고 알고 또 알아도 도무지 성에 차지 않는 것 ─ 인간이란 오직 삶의 너그러움을 통해서만 승자가 된다.

*

그러나 묘지 사이로 이리저리 거닐다보면 우리는 더 비밀스러운 감정들에 대하여 알게 된다. 수많은 디필론[32]과 케라메이코스[33]의 묘석들은 몇 가지 표본들 가운데 골라서 그대로 복제한 것들로, 죽음 앞에서 그리스인들이 가지는 태도가 어떤 것인가를 생생하게 보여준다. 중세시대에 볼 수 있었던 횡와상[34]은 없다. 노인들은 손에 막대지팡이를 짚고 앉아 있고, 젊은 전사들은 군

---

[32] 그림이나 글씨가 그려진 고대 그리스의 항아리를 의미하는 말로 아테네에 있는 고대 묘지 유적들 중의 하나.
[33] 아테네의 고대 묘지 유적들 가운데 하나로 아크로폴리스 북서쪽에 있다.
[34] 橫臥像. 기독교 미술 특유의 묘지 조각상을 가리킨다. 일반적으로 등을 땅에 대고 누워 있는 인물 조각상을 무덤이나 석관 위에 올려놓았다.

마를 타고 날뛰며, 미소년들은 개를 데리고 거닌다. 죽음은 그들이 늘 하던 일상적인 일에 전념하고 있는 모습을 고정해두었을 뿐이다. 한 여자는 가족에 둘러싸인 채 무릎 위에 화장품 상자를 올려놓고 있고, 또 한 여자는 자신의 샌들 끈을 매는 데 열중하고 있는 노예의 이마를 손가락으로 쓰다듬는다. 이 장면들이 암시하는 다양한 감정을 설명하는 것은 너무나 어렵다. 이처럼 풍부한 현실은 언어의 그물에 걸리지 않는다. 생각에 잠긴 이 정다운 모습들은 그저 단순하고 진지한 그 무엇인가를 말해주고 있을 뿐이다. 분명 이 모습들은 우리에게 그저 받아들이기만 하면 된다고 충고한다. 형벌을 견디고 있는 프로메테우스는 초인적인 힘을 보여줄 사도를 기다리고 있다는 뜻이다. 우리 인간은 자신의 영역 안에서만 자신을 극복할 수 있을 뿐이다. 희망 없이 살아가야 한다. 왜냐하면 유일하게 가능한 승리란 덧없고 일회적인 시간 속에서 영혼의 소용돌이를 억제함으로써 거둘 수 있으며, 우리가 맞을 최후의 순간은 그런 순간들 가운데 하나일 테므로.

  한 젊은이가 우리 쪽으로 얼굴을 돌린 채 무언가 아득한 생각을 좇고 있다.—그는 이미 이 땅의 인간이 아니다. 그는 영웅이 되었다. 그의 아버지는 막대를 짚고 고통스러운 침묵 속에서 그를 물끄러미 바라보고 있는데, 개 한 마리가 땅바닥에 코를 대고 냄새를 맡는 동안 어린 노예는 주인의 발아래 졸고 있다. 오직 눈에 보이지 않는 어떤 존재만이 그 위에 고귀한 빛을 던져줄 수 있는 일상적인 태도들이다. 한순간은 그것이 불변하는 그 무엇을 향한 열림, 필연과의 접촉일 때 비로소 성스러워지는 것이니⋯⋯. 어떤 이들은 순간의 충만함을 바닥내어 비울 수 있다고 자부한다. 과연 그렇게 할 수 있을까? 인간의 생각과 흘러가는 순간 사이의 공통된 척도는 무엇일까? 나의 맨발과 그 발이 딛고 있는 맨땅 사이에서 느껴지는 것과 똑같은 공감이 나의 정신과 영원 사이에 존재하도록 만들 능력이 내게는 없다. 묘석 위에 서 있는 미소년은 해맑은 시선으로 모든 필연성들을 다 끌어안듯이 바라본다.─캄캄한 심연의 가장자리에서, 꽉 쥔 주먹처럼 가득 찬 그의 사고는 심연을 변모시킨다. 자신을 속여서 무엇 하겠는가? 사물들의 무게를 벗어날 수는 없는 법이다. 주검은 살아 있는 사람보다 더 무겁다. 그런 생각은 제쳐두자. 그런 생각을 영원히 좇으려고 하지 말자. 피할 수 없는 것을 외면하지 않고 또 외면하려고 너무 고집하지 않는 시선은 얼마나 아름다운가!

　죽은 사람이 앉아서 가장 마음에 가까운 사람의 손을 꼭 잡고 있는 장면들에는 그런 아름다움이 확연하게 드러난다. 그는 이미 삶에서 멀리 떨어져 있기에 작별인사를 하면서도 눈물을 흘리지 않는다. 그러나 살아남은 사람은 비밀을 간파해내려는 듯 그를 뚫어지게 쳐다본다. 두 손의 섬세한 모습은 전체 장면의 의연한 분위기와 대조를 보이면서도 또한 어울린다. 딸이 어머니를 떠나고 어머니는 딸을 향해 몸을 기울인 채 딸의 머리를 들어 올리며 그 두 눈 속에서 애원하는 마음을 읽어내려고 애쓴다. 비탄 속에 엿보이는 이 놀라운 소박함, 사랑 속에 느껴지는 이 놀라운 믿음은 아마도 이 작품들에 영감을 불어넣은 사람들의 마음과 어울리는 것이었으리라. 그런데 지금 그 소박함과 믿음이 우리의 가슴을 찢어놓는다. 죽은 이 사람들은 마치 고통의 술잔을 들듯이 우리를 향하여 얼굴을 든다. 그들은 우리의 마음을 진정시키려다가 우리를 걷잡을 수 없는 비탄에 빠뜨린다. 그리스도의 강생에 대한 믿음과 더불어 이 세계에 큰 변화가 일어났다. 이제 더는 고통을 정면으로 마주할 수가 없게 되었다. 고통은 우리 육신의 일부가 되었다. 가장 최근에 조성된 묘석들 위에는 손들이 손들을 떠나지 못한 채 머뭇거리며 더 오래고 더 굳게 마주 잡는다. 이제 곧 누군가가 찾아와 향유 옥합을 깨뜨릴 것이고 자신의 발아래로 그 광경을 내려다본 사람은 인간의 모든 비애를 마음속에 끌어 담아야 하리라.[35] 무엇보다도 이 지점에서 우리의 생각을 멈추기로 하자. 정신과 마음이 서로를 궁지에 몰아넣는 지점, 삶에 대한 사랑과 운명에 대한 복종이 서로 균형을 이루며 비할 데 없는 오만이나 겸손에 미리부터 대비시켜주는 그 지점에서 말이다.

---

[35] 죄를 지은 한 여인이 예수를 찾아와 발 곁에서 울며 눈물로 그 발을 적시고 자기 머리털로 닦고 그 발에 입맞추고 향유를 부었다. 이에 예수는 발 씻을 물도 주지 않은 바리새인 시몬에게 그 여인의 사랑함이 많은 죄를 사한다고 말했다(「누가복음」 7:36~50).

그러나 이미 영원성의 감정이 우리를 떠나고 있으며, 우리는 성도의 사귐[36] 쪽으로 미끄러져 간다.

---

[36] 이 '사귐'(communion)은 동시에 성체배령을 의미한다.

그리스의 묘비명

시대를 통틀어 그리스의 가장 큰 매력, 그 무궁무진한 매력은 단순 소박함에 있다. 그리스는 오직 유혹의 부재를 통해서만 사람들의 마음에 들고자 한다. 유혹한다는 것은 정도正道에서 벗어난 쪽으로 끌어당기는 것인데 그리스는 오로지 우리를 정도 쪽으로 되돌리려고 애쓴다. 베데커[37] 씨는 그리스 농부들의 삶에 대하여 예의 그 정곡을 찌르는 말솜씨로 이렇게 요약한 바 있다. "커피와 담배가 그들의 유일한 낙이다. 이혼은 극히 드물어서 간통하는 경우에만 성립되는데 그 역시 거의 없는 일이다." 고대 그리스 사람들은 커피와 담배 같은 그 순수한 즐거움조차 모르고 살았다.

[37] 카를 베데커(1801~59). 독일의 출판업자이자 작가. '포켓북' 여행 안내서를 처음으로 영국, 독일, 프랑스 3개 국어로 펴내어 널리 알려지면서 그의 이름은 여행 안내서의 대명사가 되었다.

포도주를 마시는 즐거움이 있긴 했지만 그것도 보관하려는 목적으로 소금을 치거나 송진을 첨가한(오늘날도 마찬가지다) 결과 맛이 고약했다. 그들은 또한 오늘날의 사람들이 그렇듯 정치와 다른 도박에 열을 올렸다. 안락함이라곤 몰랐다.―그리고 사치라는 건 있다고 해도 오직 공적인 생활에 국한되었다. 바로 체육장, 아고라, 신전 들에는 사치를 부렸지만 그마저 외적의 침입으로 파괴되었다. 개인들의 생활은 예전 그대로 계속되어야 했다.

분명 한 세기 전의 사람들은 무너진 집들, 더러운 골목들, 그리고 아크로폴리스 위의 신전들 자리에 들어선 병영들을 보았을 때 과연 거기가 아테네가 맞는지 의심했을 것이다. 물론 틀림없는 아테네였다. 그곳 주민들은 변하긴 했어도 여전히 같은 풍습을 간직하고 있었다. 그런 삶의 소박함을 대하면 얼마나 마음이 편안해지는가! 우리는 얼마나 많은 불필요한 것들을 걸치고 다니는가! 그것들은 구겨진 외투자락처럼 스스로 지탱하지 못하고 자꾸만 힘없이 축 늘어진다.

라마르틴이 지적한 이 한 마디는 사실 그대로이기에 인상적이다. 그는 로도스 섬의 여자들에 대하여 이렇게 썼다. "유럽 여자들의 피곤에 지친 얼굴과 애써 가다듬고 긴장한 모습에 익숙한 유럽 남자들로서는……마침내 채석장에서 막 캐낸 대리석처럼 단순하고 순수하고 고요한 얼굴들을 보게 되면 기분이 좋아진다. 얼굴에는 오직 하나의 표정만이 나타났으니, 곧 평안함과 정다움이다. 우리의 눈은 멋들어진 호화 장정의 책에 대문자로 찍힌 글자들만큼이나 빠르고 쉽게 그 표정을 읽어낼 수 있다."

내가 읽어보고 싶은 것은 단 한 페이지로 된 책, 성 프란체스코가 노래한「태양의 찬가」와 단눈치오의「찬가」[38]처럼 오로지 찬미의 말들뿐인 책, 그리고 샘물, 어린 양, 꿀, 염소젖 치즈, 그리고 가난한 나라가 날품팔이와 목축으로 근근이 살아가는 백성들을 위하여 생산하는 모든 것을 찬양하는 책이다.

이런 검소함은 그리스의 정신에 영향을 주고 전파되어 지중해의 정신에 많은 영향을 미쳤다. 그 검소함은 간결함, 정밀함, 정확함을 낳았다. 그것은 형식의 과잉, 색채의 현란함, 그리고 숱한 얼치기 문명국 사람들에게서 볼 수 있는 저 모든 불필요한 풍요로움과는 인연을 끊었다.

눈부신 빛이 헐벗은 바위들 위에서 노닐며 온통 영적인 한 편의 시를 이끌어내니 대자연이 거기서 수數로 열거되어 나온다. 세상에는 숫자들의 관능이란 것이 존재하고 어떤 시는 바로 그 관능의 표현이다. "들판과 나무들은 내게 아무것도 가르쳐주는 것이 없다. 나는 오로지 도시 사람들과 어울려 지내면서 배움을 얻는다." 신성모독처럼 들리는 소크라테스의 이 말을 나는 마침내 이해할 수 있게 되었다. 들판과 나무들…… 하지만 아테네의

---

[38] 「하늘과 땅과 바다와 영웅의 찬가」.

들판 어디에 나무들이 있단 말인가? 소크라테스는 바위들에 대해서 아무런 언급도 하지 않는다. 리카베투스,[39] 수니온 곶,[40] 프닉스,[41] 헐벗은 아크로폴리스 언덕이 그에게 가르쳐주었던 것을 그는 잊었다. 그 바위들은 바로 그리스적인 사상의 윤곽을 뚜렷하게 보여준다.

돌들로 이루어진 풍경은 어떤 믿음의 위대함을 더욱 강렬하게 느끼도록 해줄 수 있다. 자기 백성들을 이끌고 앞장서서 황량한 모래언덕과 헐벗은 민둥산을 넘어가는, 어린 시절 내 눈에 비쳤던 그 모세의 믿음이 그러했다. 그리고 나는 그 이름 때문에 '돌의 아라비아'[42]를 꿈에 그려본 적이 있다. 그리스에서는 돌들이 다른 용도를 가지고 있어 인간과 협력한다. 내가 그 점을 어느 때보다 더 확실히 실감한 것은, 필로파포스 기념관[43]으로 올라가던 어느 날 해질 무렵이었다. 풀 한 포기 자리지 않는 야산과 자갈투성이의 들판 사이로 문득 푸른 살라미스 만이 바라다보였다. 그

---

[39] 아테네에서 가장 높은 석회암 봉우리로 높이 277미터의 정상에 오르면 시 전체를 내려다 볼 수 있다. 일몰이 아름다워 많은 이들이 찾는다.
[40] 아테네에서 남동쪽으로 45킬로미터 지점에서 에게 해로 뻗어나간 곶(串)이다. 포세이돈 신전의 폐허 유적이 유명하다.
[41] 아테네 시내 한복판에 있는 언덕으로 옛 아고라를 굽어본다.
[42] '돌의 아라비아'(Arabie pétrée)는 고대 중앙 아라비아의 별칭이다.
[43] 아크로폴리스 남서쪽 언덕 정상에 아테네의 후원자 필로파포스를 기리기 위하여 세운 기념물.

만은 헐벗은 모든 것들에 둘러싸여 있어서 더욱 아름다웠다.

나는 섬들을 생각했다.—가령 수정처럼 투명한 바다에서 솟아오르는 산토리니[44] 화산—멀리서 보면 그토록 작은 신전을 낀 수니온 곶—거의 바다 물결에 스칠 듯 우뚝 선 델로스의 대리석 조각들을 생각했다. 그리스에서는 광물과 사람 사이에 어떤 친화력이 있다. 돌이 적대적인 존재로 우리에게 맞서지 않는다. 돌은 지능의 계산에 어울린다. 이 나라에서는 삶과 죽음이 돌 속에 서로 맞물려 있고, 돌들이 '함께 기억한다'는 의미의 여러 가지 '추모'에 사용되었다는 사실을 이해할 수 있다.

아테네 주변 들판에서는 가끔 옛 무덤들의 흔적이 발견된다. 거의 모든 것이 사라지고 없는 상태다. 심지어 돌기둥과 묘석까지도. 이제 죽음은 산 사람들이 오만하게도 가져오려고 했던 것을 조금씩 조금씩 되찾았다. 옛날에는 그토록 잦은 도굴꾼들의 약탈로 무덤들의 무용한 재물들이 사라져버렸던 것이다.

여러 고전적 세기의 묘비명들을 발견할 때면 사람들은 쇠퇴기의 장황함과 대비되는 그 내용의 간결함에 놀란다. 대부분이 차례로 적힌 세 마디로 요약된다.—죽은 자의 이름, 아버지의 이름, 죽은 자의 출생지명. 또 중세 시대 길드가 그랬듯 여러 묘비

---

[44] 에게 해 그리스령 키클라데스 제도의 최남단 화산섬. 기원전 1500년경 화산 폭발로 섬의 대부분이 사라지고 둥근 형태의 칼데라 호로 남아 있다.

명에 직업을 나타내는 표지가 새겨져 있다.—가령 조각가는 새, 군인은 무기, 어부는 노와 그물. 묘의 유골단지들은 그보다 더 개성이 없는 것들이었다. 그 묘비명들 가운데 내가 주목한 몇몇은 유감스럽게도 여러 박물관에 감춰둔 것들이었는데, 궁중 사화집詞華集에서나 볼 수 있는 억지 꽃 장식 따위는 거기서 찾아볼 수 없었다. 이 묘비명들은 어린아이들의 것이었다.

"나의 아버지와 어머니는, 죽은 이들을 애도하여 눈물 흘리는 것이 관습이라, 이 무심한 무덤 주변에 뿌린 당신들의 눈물로 내 육신을 기려주셨습니다. 그러나 내 영혼은 의인들이 계신 곳으로 갔으니…… 변덕스러운 시대의 모진 풍파로 인해 짧은 몇 해를 살려고 태어난 내가 이 세상에 왔다 가는 시간은 길지 않았습니다. 사람은 저마다 주어진 운명에 순종해야 할 것인즉, 왕들도 예외는 아닙니다. 나의 아버지 조시모께서 영원히 죽지 않는 내 영혼을 언제고 애타게 부르며 나를 위해 이 글을 쓰셨습니다."

"대지가 너에게서 빛을 거두었구나, 시비르티스여. 그리고 대지가 이제 너의 육신을 감추니 대기는 너에게 주었던 숨을 되찾아 갔구나. 너는 네 아버지와 어머니를 고통 속에 남겨두고 일곱 살 나이로 운명의 손에 끌려가버렸구나."

고대인들은 이토록 짧은 생을 애통해했다. 노인들의 묘비명은 더 큰 위안을 준다.

"삶의 안식처를 향한 행복한 항해를 마치고 나자 대지가 무덤의 비밀 속에 키디마크를 숨기도다. 그는 생전에 자식의 자식들을 볼 수 있었고 근심 없는 노후를 즐겼다. 이제 그는 누구에게나 똑같이 주어진 운명을 죽음 속에서 나누어 가진다."

이 같은 무덤들이 늘어선 길을 따라 거닐면서 슬퍼할 까닭이 어디 있겠는가? 코르시카에는 아직도 그런 관습이 남아 있듯이, 사람들은 각자 자신이 소유한 땅에 묻혔다. 혹은, 열병을 낫게 하듯 삶이라는 병도 낫게 해주던 의술의 신 아스클레피오스의 도시 에피다우로스[45]에서처럼 성스러운 장소에 묻혔다. 정다운 지평선들에 둘러싸인 에피다우로스의 그 햇빛 찬란한 들판은 우리를 슬픔에 젖게 하지는 않는다. 그렇다면 올림피아의 그늘진 들판에 대해서는 뭐라고 말하면 좋을까? 한 줄기 강물이 소나무들 아래로 게을리 흘러가며 그 기슭에 빛 안개를 남기는 것 같다. 음산한 느낌은 전혀 없고 침울한 느낌도 전혀 없다.

18세기의 어느 여행자는 낭만적이라고 여겨질 만한 흥분을 감추지 못한 채 소리친다. "오, 그리스 무덤들의 감미로운 모습이여. 나는 그 무덤들을 바라보며 얼마나 흐뭇한 시간을 보냈던가. 그 주위를 날아다니는 죽음의 새들처럼 내 상념은 그 기념물들 위로 이리저리 떠돌아다녔노라."

그 무덤들과 거기에 새겨진 비문들에서 가장 마음에 드는 것은

---

[45] 그리스 펠로폰네소스 반도 아르골리스 북동 해안의 고대도시.

그 무덤들이 개인에 대하여 보이는 배려다. 이는 모든 것이 개인에게서 비롯되었고 개인과 관계된 것인데도 마치 그게 아니라는 듯 말하는 오늘날은 찾아볼 수 없게 된 덕목이다.

산 사람들이 부산하게 움직이는 도시 카이로와 바로 이웃한 저 거대한 사자들의 도시에서라면 나는 그다지 마음이 편치 못했으리라. 도로들, 가옥들, 뜰과 테라스들이 있고 낮에는 신자들과 성직자들과 친척들이 샌들을 신고 소리 없이 미끄러지듯 누비고 다니는, 산 사람들의 도시와 거의 맞먹는 크기의 도시. 유령들이 모시는 유령들의 도시.

그리스에서는 모든 것이 인물이나 도시의 흔적을 간직하고 있다. 유해가 없는 기념묘란 거대하게 확장한 단 한 사람의 무덤에 지나지 않는다. 거기에는 거의 예외 없이 그 개인이 어떤 인물이었고 어떤 일을 했는지가 밝혀져 있다.

"나 플로티스는 사람들이 시합을 즐기는 여러 체육관에서 훈련했으며 바닷물이 적시는 피레아스[46]의 영토에 묻혀 있다. 내 고단함의 끝이기도 한 삶의 마지막까지 나는 빠르게 달려왔다. 파르케[47] 여신들이 운명의 실을 멈춘 곳이 바로 여기다."

우리는 케라메이코스와 디필론의 묘석들이 보여주는 감동적

---

[46] 아테네 남서쪽 12킬로미터 지점에 있는 그리스의 가장 큰 항구도시.
[47] 인간의 출생에서부터 죽음까지의 운명을 관장하는 로마 신화의 여신. 인간의 삶을 재고 운명을 절단하는 실을 잣는 모습으로 흔히 나타난다.

인 장면들, 산 자와 죽은 자들이 서로에게 보내는 저 심각한 작별 인사들을 알고 있다. 그 묘비명들도 마찬가지로 억제된 고통의 어조를 드러내고 있다. 다음은 그 가운데서 골라본 두 개의 예들이다.

"마카레여, 운명이 그대를 가장 먼저 떠나도록 만들어 그대의 청춘을 앗아갔지만 그대는 전도유망했고 명성이 드높았으니, 그리스인들 가운데 그리스 비극예술의 거장이 되어 마땅했다. 그대는 현명함과 덕스러움으로 인하여 영광을 누리며 죽었도다."

"데메테르의 밀을 키우는 이곳 후미진 밭고랑에서, 나 에우티코스는 지난날 내 부모님의 희망이었지만 지금은 그분들의 눈물의 씨앗이 되어, 더 살 수도 있었을 그 모든 세월 가운데 겨우 스물세 살의 나이로 이 무덤 속에 숨었구나. 이 세상 그 어떤 질병이나 고통도 이제 더는 나를 해치지 못한다. 다만 나를 잃은 아버지와 어머니에게 남은 슬픔만은 어쩔 수가 없구나."

묘지란 그 어원에 따르면 바로 '잠자는 곳'이다. 에우티코스는 그저 잠을 자고 있을 뿐이다. 이제 곧 사람들은 그 잠이 일시적일 뿐이라고 생각하리라. 기독교인 묘비명들은 심지어 죽음에 대한 삶의 승리를 노래하는 찬가에서 공격적이 되기도 한다. 그중 하나는 지나가는 사람에게 이렇게 호소한다.

"친구여, 그대는 아스클레비오도투스의 육신과 불멸의 영혼의 성스러운 아름다움을 바라보고 있다네. 그녀는 변질되지 않은 하나뿐인 아름다움을 타고났으니, 운명이 그 아름다움을 앗아가긴 했어도 그 아름다움을 죽이지는 않았네. 죽으면서도 그녀는 혼자 죽지는 않았다네. 그녀는 죽음 속으로 남편을 앞질러 가지는 않았다네. 만일 그랬다면 그녀는 하늘 저 높은 곳에서 그를 더 잘 내려다보고 지극히 사랑하며 보살필 것이리니."

개인의 영원한 가치를 이보다 더 높이 칭송할 수는 없으리라. 지금 여기는 아테네가 아니다. 우리는 벌써 고대도시 비잔티움에 와 있다.

사람들이 절대로 입에 올리지 않는 그 비잔티움은 아테네나 스파르타보다 현대 그리스 사람들의 기억과 마음에 더 가까워서 그들의 일상생활, 즉 익숙한 생활 습관과 의식에 계속해서 생명을 불어넣고 있다. 어느 날 국립박물관에서 스코파스[48] 시대의 비장한 묘석들과 초상화들을 보고 돌아오는 길에 염소들이 다니는 오솔길을 따라 아크로폴리스로 올라가다가 나는 그 남쪽 한 구석에 숨어 있는 아주 조그만 그리스 정교회 예배당을 보고 강한 인상을 받았다. 보이는 것은 십자가 하나가 위로 솟아 있는 철책뿐이었다. 어째서 나는 평소의 모든 사고의 습관을 깨뜨리고, 내가 방금 헤어지고 온 사람들이 구태여 제기하지 않고 싶어 했

---

[48] 기원전 4세기에 활동한 그리스의 조각가이자 건축가. 격렬한 감정 표현으로 인물의 내면성을 추구하여 후대의 조각에 큰 영향을 미쳤다.

던 질문에 대한 어떤 해답을 거기서 찾을 수 있다고, 즉 자신들의 정다움과 연민을 예지 속에 비축해둔 그들로서는 감히 미리부터 스스로를 맡길 엄두를 못 냈던 어떤 희망을 거기서 만족시킬 수 있다고 상상했던 것일까? 그래서 아레이오파고스[49] 법정을 향해 놀라운 소식을 전한 성 바울로가 내겐 더 이상 그리스 역사에서 완전한 이방인으로 보이지 않았다. 성화상聖畫像들도 그리스의 옛 이미지들과 전혀 안 어울리는 것은 아니었다. 요컨대 그것은 승리자 성 조르조가 무적의 아폴론 신을 대신하는 식의 어떤 일관된 맥락, 끊어진 선이라기보다는 오히려 불규칙한 운동들에 의한 어떤 충동의 선이었다. 섬들의 작고 하얀 예배당들은 바위로 이루어진 그 섬의 골격과 너무나도 잘 어울렸다.

이슬람 세계라면 어디나 그렇듯 산책과 명상의 장소가 된 콘스탄티노플의 묘지들에는 십년 전까지만 해도 사람들이 찾아와 앉아 쉴 수가 있었다. 바람마저도 졸고 있는 듯한 어느 여름날 저녁이면 사람들은 그곳에서 몇 시간이고 미동도 하지 않은 채 눌러앉아 있을 수 있었다. 갑자기 달빛이 어린 느릅나무의 무성한 잎

---

[49] 원래 아테네의 아레스 언덕을 가리키는 지명인 동시에 고대 아테네(기원전 550~300)의 최고 법률기관이다. 성 바울로는 이곳에서 신약성서 「사도행전」(17:15~24)에 나오는 유명한 연설을 했다. "바울로는 아레오파고 법정에 서서 이렇게 연설하였다. 아테네 시민 여러분, 내가 보기에 여러분은 여러모로 강한 신앙심을 가지고 계십니다."

사귀들 사이를 뚫고 나오자 여기저기 흩어진 대리석의 흰빛과, 지각할 수 없는 시간의 흐름을 그 곧게 뻗은 손가락으로 가리켜 보이는 시프레 나무들의 검은색이 도드라져 보였다.

그때는 고독과 침묵 속에서 사람들이 삶을 얼마나 즐겼던가! 그것은 하늘로 올라가는 아주 곧고 순수한 하나의 불꽃이었다. 존재한다는 것이 철샛줄을 타고 앞으로 나아가는 곡예사를 보는 일만큼이나 기적적으로 여겨진다. 거기 누운 사람들 하나하나는 시작하자마자 끝나버린 어떤 음절에 지나지 않는데 우주의 말씀은 끝이 없다. "이삭들은 왜 피어나는가? 자라나서 익으면 거두어들이라고 피어난 것이 아닌가? 인간들 또한 마찬가지다."[50*] 그와 더불어, 짧은 한순간, 절대적으로 텅 빈 이 천구天球의 한가운데서 존재한다는 이 알 수 없는 행복감. 우리들 자신의 가장 첨예한 끝부분은 절대로 무뎌지지 않으리라는 이 알 수 없는 확신.

절대로! 우리는 이 말을 소리 내어 말할 수 있는가? 하지만 그래도, 나의 생각은 그토록 짧게 살다 간, 그리고 지금 떼지어 나를 바싹 에워싸고 있는 이 과거 존재들의 생각과 서로 소통할 수 있는 수단을 찾을 필요가 있다. 죽은 이들과 함께 있다 보니 나는 필멸이 아닌 모든 것들에 생각이 미친다.

그들 역시 분명 그 생각을 하고 있을 것이다. 우리가 고대 사

[50*] 에픽테토스(55경~135경. 노예 출신으로 후기 스토아학파의 대표 철학자).

람들이라고 부르는 그들 역시 말이다. 그들이 얼마나 많은 묘비들을 여기저기 흩어놓았는지 들에 나가나 집에 들어오나 마주쳤다 하면 온통 묘비명뿐일 정도다. 그들은 아마도 오늘날의 많은 사람들처럼 자신들이 가없는 대양에서 난파당한 존재라고 느끼지는 않았으리라. 오히려 그토록 많은 '존재들'에 에워싸인 그들은 순회가무단의 무용수들처럼 행동했다. 즉, 단 하루의 관객들 쪽을 쳐다보는 것이 아니라 항상 요지부동으로 존재하는 그들의 지휘자들 쪽으로 향하고 있을 때에야 비로소 영감에 넘치는 방식으로 노래하고 춤출 수 있게 되는 무용수들처럼 말이다.

탐구

...

나는 다양한 모습의 삶이 결코 훼손할 수 없는
저 변질 불가능한 통일성을 향하여 내닫는다.

...

가시 없는 장미

가끔, 생각의 거미줄을 짜다 말고 내 감옥의 창가로 다가가 눈길을 던지노라면 …… 이걸 어떻게 표현해야 좋을까? 기차들은 들판을 달리고, 추수하는 사람들은 흐드러진 꽃들을 쓰러뜨리고, 행인들은 길을 건너지르고, 하늘에서는 파동들이 서로 스치며 지나가는 것이었다. 나는 몇 시간이고 세상 보편적 삶의 그 넘치는 움직임을 물끄러미 바라보고 있었다. 나름대로 그것을 흉내 내어 보겠다며, 시인도 형이상학자도 아닌 사람들은 몬테카를로로 떠난다.

나는 모든 조합들 가운데 ─그걸 솔직히 털어놓고 말하지 못할 까닭이 어디 있겠는가?─ 모든 것을 헐벗음 속에 뒤섞어놓는 겨울의 무기력보다는 봄의 눈부신 불화가 더 좋았고, 만족감에 젖은 무르익음보다는 알에서의 깨어남과 꽃의 피어남이 더 좋았고, 둥근 공의 조화보다는 눈물 섞인 환희가 더 좋았고, 안정된 날들보다는 초조한 날들이 더 좋았다. 내 감옥의 교도관은 나에게 인간의 이성이 지닌 힘이라든가 이상적인 목적을 향한 세상 만물의 건전한 충동에 대하여 말해주었고 진보는 눈에 잘 보이지 않는 것이기에 그만큼 더 믿을 만한 것이라고 가르쳐주었다. 하지만 아무 소용이 없었다. 나는 그가 자신의 한심한 의무에 골몰하도록 내버려두었다. 나는 현재의 행복을 살아가고 있으니 그런 나에게 희망이 필요하겠는가?

오늘 내가 소유하고 있는 것을 내일 찾으려고 할 필요가 있겠는가? 만약 내게 추상화할 능력이 없었다면 그랬을지도 모른다. 느끼기 위해 느끼기를 원했다면, 정신적 결합 대신에 지상낙원의 실현을 원했다면 그랬을지도 모른다. 그러나 그 어떤 것도 내가 받고 있는 보상보다 더 나을 수는 없었다. 단 일분만 더 지나도 그 일분은 내가 찬미하고 있는, 그리고 수세기의 세월에 걸쳐 이루어진 놀라운 업적을 해체해버릴 뿐이다. 내가 만약 더 나은 것을 희망했다면 나는 도둑맞은 느낌이 들었으리라. 절대 아니다. 우리는 모두 다 흡족하다. 우리는 구걸하는 대신 감사해야 마땅하다.

지혜를 열망하는 이에게 희망보다 더 불가능한 것은 없다. 이상보다 더 진실과 상충하는 것은 없다. 아니 그보다는, 그의 희망은 지혜에 이르는 것이며 그의 이상은 진실을 알아내는 것이라고 해두자. 그는 시간 속에서의 성취 대신에 시간 밖으로의 도피를 원한다. 차례로 일어나는 사건들의 연대기를 쓰고 자신이 목격하는 사건들에 대하여 그중 어떤 것이 중요한지를 결정하는 일에 그보다 더 부적격인 사람은 없다.

시대가 혼란스럽다고? 모든 시대는 다 혼란스러웠다. 혁명과 전쟁은 끝없이 계속되어왔다. 시는 덧없는 것이라고? 우리에게 스탕달은, 러시아 원정에 따라갔다는 점에서는 더 이상 아무것도 아니지만, 소설 『파름 수도원』을 쓴 작가라는 점에서는 더할 수 없이 의미를 지닌다. 샤토브리앙은 우리가 볼 때 교황청 대사로서 시간만 낭비했지만 로마의 들판을 헤매던 그의 몽상들 …… 그러니까 이를 테면 허송세월을 보냈다고 말하는 그 시간은 우리에게 남아 있다. 점성술사 오마르 하이얌[1]은 그의 이론서보다는 시편들을 통해 우리에게 더 큰 감동을 준다. 시간은 한낱 현실에 불과한 것을 파괴한다. 시는 우리의 세계를 변모시킨다. 마치 거울이 벽시계를 반사하여 그 시계를 근본적으로 바꾸어놓듯이 세계의 의미와 방향을 바꾸어놓는다. 거울에 그대로 반사되는 벽시계의 숫자판은 거꾸로 보이는 것이다.

일상의 생활을 눌러 짜보라. 그러면 거기서 시가, 시작 없는 날

---

[1] 오마르 하이얌(1048~1131). 페르시아의 수학자·천문학자·시인. 셀주크 왕조의 마리크샤 왕의 천문대를 운영하고 새로운 역법을 고안했다. 4행 시집 『루바이야트』가 영역되면서 세계적으로 널리 알려졌다.

들이, 끝이 없는 밤들이, 서정적인 삶이, 어둠과 한데 섞인 빛이 뿜어져 나올 것이다.

등장인물들을 쳐다보지 말자. 그들은 고작 무대 위로 지나갈 뿐이다. 그러나 그들의 몸짓은 영원하다. 천박한 카르멘이 늙은 돈 호세에게 던져주는 꽃, 그녀는 내일 또다시 그 꽃을 던지리라. 그것이 바로 시라고 하는 몸짓이다.[2*]

이렇게 시인은 순간을 통하여 영원에 이른다. 그는 우리들처럼 운명의 완성을 다음날로 미룰 필요가 없다. 나는 그의 운명이 완전하게, 그리고 즉시 실현되는 것을 본다. 그런데도 대양의 깊은 바닥에 가라앉은 병 하나 때문에 바닷물이 줄어들거나 불어나지도 않는 것처럼 이 세상 어느 하나 변한 게 없다.

벌써 여러 달째 나는 산책을 하면서 ─조금도 의도한 것이 아닌데도─ 보들레르의 이런 기원을 혼자 되뇌고 있음을 발견한다.

오, 나의 천사 나의 열정이여.

그러나 이것은 내 마음속 그 무엇과도 일치하지 않는다. 그것은 정확하게 누구를 향해서 내뱉는 기원의 말이 아니다. 심지어

[2*] 여기서 문제 삼고자 하는 것은, 적어도 시의 절반을 차지하는 '테크닉'이 아니라 시의 '원천들'이다.

정확한 시구조차 못 된다. 하지만 하루에도 몇 번씩 내 귓가에 속삭이듯 이 말이 들린다. 그것은 마치 어떤 충동과도 같고 나를 들어 올리는 그 무엇과도 같다.—그리도 대단한 심각함, 그리도 대단한 열광이 결합된 그 말은.

> 하지만 그대는 이 오물과 비슷할지니
> …… 그대 나의 천사 나의 열정이여.

이 이중의 운동, 죽음과 부활, 고야의 그림에서처럼 서로 대립되는 검은색과 흰색, 이보다 더 아름다운 것이 어디 있겠는가? 그러나 나를 감동시키는 것은 그 아름다움이 아니다. 감동을 받지 않아도 나는 그 아름다움을 되새겼을 것이고 내게로 불러냈으리라. 나를 감동시키는 것은 어떤 리듬, 어떤 음악이다. 내가 그 음악을 부르는 것이 아니라 그 음악이 나를 부른다. 내가 음악을 따라가는 것이 아니라 음악이 반주하듯 나와 함께한다.

이렇게 우리는 '사로잡힌다.' 그 사로잡힘은 행복과는 별개다. 사로잡힘이 행복을 창조한다. 이 음악의 곡조는 우리 삶의 흔들림과 함께 변한다. 우리의 청소년 시절은 베를렌이나 랭보에 따라 리듬이 맞추어질 수 있다. 그러고 나면 이번에는 더 옛날의 더 비밀스러운 다른 사람들 차례가 된다. 대개는 유행가 가락들로도 충분하다(내 친구 하나는 어떤 '가락들'이 자기 삶 전체를 만들었다고 했다). 잘 생각해보면, 우리가 요구하는 것은 시가 지닌 '시적' 특성들 가운데 그 어떤 것이 결코 아니다. 우리가 빵과 물처럼 필요로 하는 것, 우리가 어떤 육체에 대하여 느끼듯 허기와 갈증을 느끼는 대상은 바로 우리를 탁 트인 하늘로 내닫게 하고 우리의 마음속 고백을 해방하는 저 가벼운 충동이다.

  신의 세계에 다가가는 방법은 분명 여러 가지가 있다. 가장 간단한 방법은 이 세상을 포기하는 것이리라. 그런데 또 세상을 떠난 뒤에도 여전히 우리는 닫힌 문앞에 홀로 남은 자신을 발견할 수 있다. 가장 위대한 신비주의자들 역시도 아세디아[3]를 경험했다. 앙젤리크 수녀[4]는 15년 동안이나 자신의 가족 친지들의 종교적 신심을 뜨겁게 달구어보려고 노력했으나 소용없었고 그녀 자신은 신의 존재에 대한 완전한 박탈감을 느끼며 괴로워했다. 인간을 향한 자신의 열정 속에서 톨스토이가 느꼈던 회의와 고통을 여기서 새삼 언급할 필요는 없으리라.

  시인이 된다는 것은 열망의 높이를 좀 낮추는 일이다. 곧 우리의 영원함만큼이나 우리의 연약함을 의식하는 것이기에 말이다.

---

[3]   acedia. 문맥에 따라 다른 의미를 지니는 도덕적·종교적·심리적 개념으로 기독교에서는 사막에서 수행하는 수도사들이 경험하는 영적 슬픔과 비탄의 원죄, 영혼의 병을 의미한다.
[4]   자클린 마리 앙젤리크 아르노(1591~1661). 포르루아얄(시토회 여자 수도원)의 개혁자로 얀센파의 중심적 인물이다. 일명 앙젤리크 수녀로 불린다.

아니 차라리 우리 욕망의 끝없음과 우리 삶의 연약함 사이에서 자신이 찢기고 있음을 느끼는 것이다. 이는 그 덧없는 결합을 사랑에서 우러난 결혼으로 만드는 일이라고나 할까……. 그런 계시의 '장소'가 되자면 얼마나 많은 인내가 필요한가. 아마도 그 '장소'가 다른 사람들에게는 너무나 별것 아닌 것으로 보일 테고 또 우리는 너무나 별것 아닌 것이라고 여기도록 노력해야겠지만……. 깊어서 가벼워진다, 라고 니체는 말한다. 우리는 항상 시인을 '바람 부는 대로' 떠다니는 낙엽처럼 바라본다. 그래서 진정으로 시인에 관한 문제일 경우, 그 시인이 받게 되는 모든 은총은 그가 받을 자격이 있기에 받는 것임을 우리는 알지 못한다.

세상을 포기할 것이 아니라 세상을 변화시킬 것…….

"시는 익숙한 대상을 더 이상 익숙지 않게 만드는 것이니……. 신의 자연이 우리의 자연 속으로 스며든다. 그러나 그건 마치 바람이 바다 위를 스치는 것과 같아서 바람 지나간 자리에는 아침의 고요만 남는데, 오직 밤사이 모래 위에 팬 주름들만이 바람이 지나갔음을 말해준다."

나는 셸리가 한 말을 믿고 싶다. 그를 믿고 싶다. 그렇지만 나는 들꽃을 꺾었던 그 여름날을 기억한다. 꽃들은 선명한 모습으로 향기를 내뿜으며 그때 막 꽃잎을 열었다. 나는 꽃들이 끊임없이 그리고 언제까지나 대지의 모든 모공들을 뚫고 뿜어져 나오는 시의 상징들인 양 감탄하며 바라보고 있었다. 그런데 그만 꽃들이 내 손가락들 사이에서 하나하나 시들어갔고 나는 어쩔 수 없이 꽃들을 차례로 버려야 했다. 나는 플라톤이 말하는 얼굴들을 생각했다. 그는 그 얼굴들을 시와 비교한다. 아름다움이라곤 오직 그 신선함뿐이어서 젊음의 광채가 사라지고 나면 더 이상 시선을 끌지 못하는 그 얼굴들. 꽃들이 시들고 난 뒤에도 여전히 살아남은 나는 꽃들이 그토록 쉬이 생명이 다하는 것을 보며 다른 꽃을 꺾을 생각도 하지 못한 채 빈손으로 길 위에 홀로 남아 있었다. 나는 내면에 지닌 모든 방책들을 다 생각해보았으나 헛수고일 뿐 그 무엇도 흡족한 것은 없었다. 새로운 꽃들을 꺾기 위해 손을 뻗는 것밖에 달리 도리가 없다는 생각이 들었지만 더는 그럴 용기마저 생기지 않았다. 그 순간부터 꽃들은 그 허망함으로 인하여 모두 똑같아 보였다.

여전히 나는 모든 것을 다 소유할 수 있다고 믿으면서도 더 이상 아무것도 지니지 못했다. 이제 내게는 세상이 거울들의 미로 같아 보였는데 나는 미로를 뚫고 달려가면서 순간의 서정적 충만 그 자체인 저 가시 없는 장미를 꺾을 엄두도 내지 못했다. 그리고 그때, 오직 그때에만, 나는 아시시의 작은 정원을 기억했다. 모든 것을 내려놓은 도취경 속에서 프란체스코는 그 정원에서 가시투성이의 장미나무들로 몸을 던졌고 장미나무들은 순식간에 그 모든 가시들을 잃어버렸고 계속하여 가시들은 사라졌다. 종교적 경험[5*]은 시적 경험과 정반대라는 것이 밝혀진다. 프란체스코는 가시를 원하는데 그는 장미를 얻었다. 영원히.
우리에게 주어진 길들은 왜 이리도 다양해야 하는 것인가?

5*___신의 사랑, 인간들의 사랑.

코르넬리우스[6]에게 보내는 편지, 혹은 변신

사랑하는 친구여, 나는 집에 있을 때, 창문들이 들판 쪽으로 난 커다란 방에서 지내기를 좋아한다. 내가 거기, 높은 책상 앞에서 펜을 손에 들고 서 있는 것은 글을 쓰기 위해서다. 그러나 종이는 백지로 남아 있고 나의 상념은 무작정 여기저기 헤매고 다니지만 마주하는 것은 공허뿐이다. 나는 고적한 공간들, 물이 말라서 바닥이 드러난 호수들, 지평선이 아득히 멀어지는 모래언덕들을 누비고 다닌다. 내가 어딘가에서 발걸음을 멈추기만 하면 모든 것이 다 무너진다. 내 정신에 일어난 것의 내용은 이상과 같

---

[6] 코르넬리우스는 가상의 인물로 그르니에 내면의 또 다른 자아라 할 수 있다. 하나의 정답으로 결론 내리지 않고 나와 코르넬리우스와의 대화를 통해 일종의 모순적 통합 또는 애매성의 진실에 이르려는 그르니에 특유의 태도를 드러내는 데 꼭 필요한 인물이다.

다. 필시 내 정신이 허무와 손잡은 것이다. 그러나 내가 걷기 시작하고 몸을 움직이면 전혀 딴판이 된다. 이내 정신 속에서 나로서는 딱히 규정할 수 없는 무언가가 꿈틀대니까 말이다. 나는 그저 창문 쪽으로 갔다가 책상 쪽으로 돌아올 뿐이다. 이따금 계곡으로 흘낏 눈길을 던지기도 하고 발걸음을 멈추고 꽃병의 활짝 핀 꽃들의 향기를 맡아본다. 그러나 벌써 어떤 가벼운 동요가 일어나면서 내 몸이 위로 들렸는데 나는 무슨 일인지 내 마음대로 그걸 막을 수가 없었다. 나는 안다, 내가 해야 할 말이 뭔지 이해한다. 지금 내가 이토록 또렷하게 느끼는 것을 전달하려면 그저 내면의 이 리듬이 일러주는 것을 글로 옮기기만 하면 되리라. 그러나 내가 종이 앞으로 다가가면 음악이 뚝 그치고 모든 것이 불투명해진다. 누군가 내 신발 바닥에 무거운 납덩어리를 붙여놓은 것만 같다. 그런데 조금 전만 해도 나는 넓은 공간을 건너지르고 있었다. 내가 하고 싶은 말은 간단했다. 그것은 어떤 생각의 충동과 잘 구별되지 않는 상태였다. 그런데 지금 그것은 내가 건너가야 할 구불구불한 길과 늪이다. 그리고 그 끝에 이르면 그걸로 끝이다. 나는 공연히 헛일만 했고 내겐 중요하지도 않은 것을 설명했으며 어느 누구도 흥미를 갖지 않는 것을 말했다.

이 얼마나 어리석고 불가해한 일인가! 허공에서 흔들리며 딸랑거리는 저 방울, 저 웅성거림, 저 음악, 그리고 알 수 없는 그 무엇, 요컨대 내 앞에 매달려 있는 저 모든 가락들. 그건 그럼 아무엇도 아니었단 말인가? 나는 마치 목마를 한 바퀴 태워주겠다기에 따라 나갔다가 강제로 집에 이끌려 돌아온 어린아이 같은 꼴이다. 하지만 조금 전 내가 느낀 것은 아주 단순한 것, 어쩌면 너무나 단순한 것이었던 게다. 그것을 설명하려고 들면 나는 그만 그것을 무겁게 만들어버리고, 그것을 암시하려고 하면 그것을 왜곡시키고 만다. 내가 가진 것은 오직 설명하거나 거창하게 떠들어대는 사람들이 가진 수단들뿐이다. 나는 모자라거나 넘친다. 하지만 말없이 지낼 수 없다. 내가 나의 메시지를 직접 전달하겠다고 나서면 내가 피하고 싶었던 것만도 못한 수사修辭에 빠져버린다. 나는 담론을 더듬거림으로 바꿔놓는다.

 나는 어떻게 쓰는 것이 좋은지 알 수 없다. 그러나 어떤 목소리가 내게, 글쓰기란 무엇인가에 종속된 것이기에, 내가 만약 어떤 방식으로든 사는 법을 배웠다면 그저 손이 종이 위로 움직여 가는 대로 내버려두기만 하면 된다고 일러준다. 나를 가로막는 것은 말의 장벽이 아니다. 나의 충동을 얼어붙게 만드는 것은 언어의 빈약함이 아니다. 그렇게 된 까닭은 위대한 것들에 대하여 졸렬한 관심을 가졌을 뿐이고, 관대해지지 않으려고 버둥거리면서 그것이 나 자신을 보호하는 길인 줄로 알았으며, 보잘것없는 재산을 모으고 쌓아둔 채 그것을 남에게 나누어줄 기회를 놓쳤기 때문이다. 내가 떨쳐버리지 못한 채 꽁무니에 달고 다니는 것은 문장 구성상의 고민이 아니다. 그것은 온갖 물건 구입과 오락과

한담과 일상생활의 숱한 자기만족 속에 나 자신의 가장 소중한 부분을 내던져버렸다는 자책이다. 오늘 내가 대가를 치르는 것은 바로 그 점이다. 나 스스로 창조의 고통을 받아들이지 않았으니, 말의 예민한 표현력이 망각과 무관심의 저 심연을 꿰뚫고 들어가지 못한다고 한들 내가 무슨 불평을 할 수 있겠는가? 마땅히 나의 영혼이라고 이름 붙여야 할(왜냐하면 나의 내면에 있는 그 무엇을 통해서 나는 존재의 영원성과 일치하게 되므로) 것이 갈 곳 몰라 헤매도록 방치해둔 채 그 엄청난 자기 포기에 빠져 있던 내가 어떻게 감히 나 자신 그토록 잊고 싶어 했던 것이 단번에 돌아오기를 바랄 수 있겠는가? 그 무슨 기적의 힘을 입어 내가 나 자신과의 일치에 이르는 순간, 온몸에 수많은 화살이 날아와 박힌 성 세바스티아누스[7]가 내지르는 고통과 기쁨의 비명이 내 귀에 들리는 것만 같다. 나는 천사들이 던지는 빛의 중압감에 짓눌린 채 임종을 맞는 성모의 침상을 렘브란트와 함께 눈앞에 보는 것만 같다. 나는 감정이 억제된 보살들의 미소를 눈앞에 보며 우주만물의 의기양양한 소멸에 참여한다.

 이 순간들은 너무나 짧다. 그러나 황홀하다는 사실을 그대는

---

[7] 로마의 직업군인으로 기독교 신앙과 기적을 행한 죄목으로 3세기경 디오클레티아누스 기독교 박해 때 말뚝에 결박되어 온몸에 화살을 맞고 매질을 당해 순교했다. 그의 모습을 만테냐, 한스 홀바인, 보티첼리, 들라크루아 등의 화가들이 걸작으로 남겼다.

깨닫는다. 내가 최대한 마음 써야 할 것은 이 순간들을 연장하는 일, 아니 나아가 이 순간들을 서로 접근시켜서 어떤 하나의 연속적인 모습을 이루도록(마치 큰곰자리가 뱃사람들의 눈에 보이는 모습처럼—일련의 별들이 그 별자리 이름으로 아무렇게나 한데 모인 것이 아니라) 만드는 일이어야 마땅할 터다. 그대도 잘 느끼겠지만, 이 순간들 하나하나는 어떤 중심과 관련된 상태에서 다른 요소들과 함께 전체 그림의 구성요소가 되어야 한다. 어떻게 할 것인가? 내가 그 순간들을 한데 모으려고 하는 즉시 그것들은 잘못을 저지른 새들처럼 날아가버린다. 나는 언제나 서로 다른 여러 가지를 말한다. 그리고 나는 언제나 똑같은 것을 말하도록 운명을 타고났다.

· · · · · · ·

해질 무렵 나는 의기소침하여 집을 나온다. 지금 나는 낮과 밤의 이 순간적인 일치를 두려워하지 않을 만큼 나 자신이 충분히 강하다고 느낀다. 이 시각이 내게는 있는 그대로의 나와 바라는 나 사이의 불가능한 결합을 상징하는 듯 보인다. 나는 마치 두 지점에서 발생한 화재의 번져가는 불길이 이제 곧 서로 만나게 될 숲속을 뚫고 달리는 사람과 흡사하다. 시간과 공간이 나를 막무가내로 몰아붙이고 있다. 왼쪽이나 오른쪽으로 몸을 날려 그 상황에서 벗어날 수도 있으련만 내 속의 무엇인가가 나를 앞으로 내몬다. 나는 지금 내가 들고 있는 이 거울의 광채를 뚫고, 결코 완성되지 않은 이 세상의 반사된 새로운 모습이 마침내 나타나도록, 어서 서둘러야겠다고 생각하는 것이다.

그러나 이 저녁 산책에서 무엇이 내게 가장 큰 안도감을 느끼게 해주는지 그대는 아는가? 내 눈에 작품이라는 실현 불가능한 기적을 대신하는 것으로 보이는 게 무엇인지 그대는 짐작하는가? 그건 바로 나무들이라네. 실망스러운 나의 아리엘[8]들이 내게 했던 약속들을 그 나무들은 지킨다. 윤곽이 뚜렷한 숲의 꼭대기를 물끄러미 바라볼 때 내가 느끼는 충만감을 그대에게 어떻게 말하면 좋을지 모르겠다. 숲은 이제 내겐 지난날처럼 꿈의 원천이 아니다. 내가 내 감정을 정확히 표현하려 할 때면 "나는 책 속에서보다 숲속에서 더 많은 훌륭한 것들을 배웠다"고 말한 사람[9]이 경험을 통해서 잘 알고 있었던 그런 어려움을 느낀다.

그렇다. 숲에는 책에 있는 것보다 훨씬 더 위대한 그 무언가가 있다. 그것을 정의하고자 하면 이내 나는 대자연 속이 아니라 나

---

[8] Ariel. 중세 전설에서 공기의 요정을 말한다. 셰익스피어는 희곡 『템페스트』에 아리엘을 등장시키는데, 땅·물·불·바람의 4대 원소 사이를 자유롭게 날아다니는 존재로 그리고 있다.

[9] 가톨릭 수도사 베르나르 드 클레르보(1090~1153)를 말한다. 그는 1112년에 시토 수도회에 들어가, 1115년에는 클레르보에 수도원을 창설하여 원장이 되고, 이후 많은 수도원들을 세워 시토회를 융성케 했다.

자신 속에 있는 어떤 장애에 부딪친다(다른 모든 것에서와 마찬가지로 그 점에서도 역시). 대체 뭐가 문제인가? 떡갈나무들의 품 넓은 평화, 시프레 나무들의 기품 있는 고요? 그렇다. 그것은 대자연 속에서의 어떤 멈춤이다. 살아 있는 존재들의 숨 가쁜 질주 한가운데서 나무는 멈춤을 표시한다. 그것은 한 번의 내쉬는 숨이다. 아니면, 긴 지속음을 감당하기 전에 숨을 고르는 가수다. 나는 한데 어우러져서 둥그런 머리를 이루는 숲을 볼 때면 전신을 휘감는 그 즐거움을 너무나 확실한 표현으로 그대에게 말할 수는 없을 것 같다. 나는 문제의 핵심을 찌르는 느낌이다. 가까이 다가가면 보이는 나무들의 서로 뒤엉킨 머리카락 같은 모습이 나는 좋다. 나무들은 업무량이 과중한 직업을 능가할 정도로, 가장 단조로운 하늘을 능가할 정도로, 자신을 사랑하는 동시에 자신을 모르는 사람의 저 끔찍한 공허를 가득 채운다.

 이전에 나는 바닷가의 나무들을 좋아했다. 대서양을 따라 모래언덕들에 서 있는 소나무들, 특히 지중해변의 그 소나무들을 좋아했다. 소나무 잎들 사이로 바다를 바라보는 것은, 즉 그 가지가 테를 만들며 어떤 완벽한 파노라마를 담아 보여주는 것은, 내게 진정한 행복이었다. 그 후 그 광경에 대하여 깊이 생각해보면서 나는 누구나 다 자신도 모르게 품고 있는 강력한 관조의 욕구가 그것이 실현되기 위해서는 마치 밖을 내다보려고 팔꿈치를 기대려는 여인에게 발코니의 난간이 필요하듯이 받침점이 필요하다는 사실을 이해할 수 있을 것 같았다. 사진작가들은 나무가 풍경에 틀 구실을 한다고 생각한다. 나무는 사실 그 이상의 역할을 한다. 나무는 풍경을 길들인다. 나무는 우리가 풍경과 만날 수 있도록, 거칠거나 혹은 비인간적인 태연함을 보이는 대자연과 만날 수 있도록 억압적이지 않은 어떤 '면담'을 주선한다.

  그러나 이 모든 것은 이론의 여지가 있다. 이 모든 것은 아무 의미도 없다. 나무들 가운데로 산책할 때 내가 즉각 느끼는 것이 무엇인가 하면, 그건 바로 나무들은 자기 자신의 존재에 동의하고 있는데 반해 나는 그러지 못한다는 사실이다. 그 나무들이 어떤 숭고한 행동으로 자신의 존재에 가담하는데 나는 그러지 못하기 때문이다. 나무들의 줄기가 어떤 의지의 표명인데 나의 몸은 어떤 고백이기 때문이다. 아! 절대에 대한 명료한 현기증을 느끼는 사람들에게는 어떤 정리定理와도 같은 저 나무 둥치들을, 그리고 그것의 파생 명제요 그 명제에 대한 주해인 꽃들을 희망 없이 바라볼 때 맛보는 도취감이 있다. 그러나 그것은 살아 숨 쉬는 정리들이고 육화된 증명들이다. 이것이야말로 내가 이해할 수 없고 감탄하지 않을 수 없는 바다. 이 세상에 존재하는 신적인 것에 대하여 끊임없이 생각하는 나이므로, 나는 다양한 모습의 삶이 결코 훼손할 수 없는 저 변질 불가능한 통일성을 향하여 내닫는다. 나는 스스로 소유하고 있는 것을 욕망하는 저 존재들, 자신들에게 주어진 몫의 운명을 있는 힘을 다하여 바라는 저 존재들을 마치 어떤 영원한 기적인 양 감탄의 눈으로 바라본다.

또한 나무들은 대자연이 비밀스럽게 영위하는 분리되지 않은 삶 속으로 단숨에 나를 데려간다. 나는 즉시 비항구성으로부터 나와서 존재 속으로 들어가 자리 잡는다. 존재들에 대한 사랑 때문에 어쩔 수 없이 기어올라야 하는(아니 대체 무엇 하러?) 야곱의 사다리를 버리고 나는 표현불가의 세계로, 지나가버린 것의 세계로 스며든다. 이 모든 것은 명백한 것이니 굳이 강조할 필요가 있겠는가? 그대는 이해했을 거야.—도리가 없으니까. 나무들에 대한 사랑이 나에게는 어떤 부정적 신학의 모습으로 나타난다는 것을. 나는 진리의 신과 하나가 되지 못하기에 식물의 절대에까지 미끄러져 갔다는 것을. 그대는 내가 결코 만족되지 않는 표현의 욕구로부터 어떤 변신을 통해서 벗어나기를 바란다는 것을 잘 느낄 거야. 스스로 창조할 수도 없고 어떤 창조자에게 매달릴 수도 없으니 내가 암흑의 한가운데서 나 스스로 변모할 필요가, 몰아沒我에 이를 필요가 있지 않겠는가?

이것은 나만이 아니라 모든 사람이 가진 욕망이다. 나는 사람들이 이 욕망을 만족시키기 위하여 거칠거나 섬세한 수단들을 동원하는 것을 보게 된다. 거칠거나 섬세한 방법? 그렇다, 원하는 것이 손쉬운 도취인가 어려운 도취인가에 따라, 즉각적인 쾌락인가 시간이 걸리는 쾌락인가에 따라 다르다. 아마도 그것이 유일한 차이일 테니까. 인간은 자신이 대리만족을 얻는 '대체물'

에 대하여 어떤 수치심을 느낀다. 그러나 하피즈[10]도, 오마르 하이얌도 입은 옷이 포도주 자국으로 얼룩졌다고 해서 깊은 숲속으로 들어가 명상에 잠긴 은자보다 더한 추문의 대상이 되어서는 안 되리라. 후자의 은자가 마시는 물은 전자의 시인들이 마신 포도주와 같은 맛이다. 여인들의 싸구려 장신구들도 가장 귀중하고 희귀한 사상들과 마찬가지로 의미가 있다. 아! 나도 알고 있다네. 그대는 '현자'가 했다는 이 말을 내게 인용하겠지. 이 세상에서 어떤 값을 지니는 것이면 무엇이나 다, 어떤 가치를 지니는 것이면 무엇이나 다 희귀하고 까다롭다는 말을. 그런데 나는 그런 말은 조금도 믿지 않는다. 만약 '절대'만이 그대의 유일한 관심사라면 '절대'가 아닌 것이 그대와 무슨 상관인가? 그대가 내게 인용하는 그 현자는 '신에 도취된' 상태였던 것 같다. 그러나 현자가 여기서 말하는 것은 그게 사실이 아님을 증명한다. 우리는 죽어가는 사람들과 같은 처지에 놓여 있다. 죽어가는 마당에 그 사람들이 복권에 당첨되든 안 되든 무슨 차이가 있는가? 지금이 정오라면 촛불을 한 개 켜든 백 개 켜든 무슨 차이가 있는가? 물론 나도 위계와 서열을 부정하지 않는다. 어린아이에게는 나쁜 점수보다는 좋은 점수를 받는 것이 중요하다(또 이건 계속 그럴

---

10   14세기 페르시아 최고의 서정시인. 아호인 하피즈는 '코란의 암기자'라는 뜻이다. 본명은 샴스 앗 딘 무하마드(Shams ad-dīn Muhammad)이다.

것이다). 그러나 그건 아이가 아직 깨닫지 못한 것이 있어서……
아니 어쩌면 아이는 끝내 깨닫지 못할지도 모른다. 그러나 내게
는 모든 것이 같은 높이에 있다. 꼭 이 말을 해야만 할까? 이 동
등함에 대하여 생각할 때면 나는 씁쓸하지만 강렬한 쾌감을 느
낀다.

그러니까 사람들이 '진지한 것들'과 마찬가지로 '경박한 것들'
에 집착하는 것은 놀라운 일이 아니다. 서양이 낳은 가장 위대한
사람들에게서 서양의 위대함이란 세계를 과소평가하면서도 마
치 과대평가하는 것처럼 행동했다는 사실("나의 삶은 한 편의 소
설이 아니고 무엇인가!" 하고 감탄했던 나폴레옹처럼)이었음을 나
도 잘 안다. 사람들은 그들이 '꿈'을 상대로 '진지하게' 행동했다
는 말을 했다. 그러나 나는 그들이 항상 자신들의 꿈을 어떤 현실
이라고 여겼으며 그들의 사상은 그들의 행동이 투영하는 그림자
에 지나지 않았다고 생각한다.

･･･････

친구여, 나는 이 모든 것에 대하여 완전히 무관심했어야 마땅
하다. 그런데 사정은 전혀 딴판이다. 끊임없이 내 손아귀에서 빠
져나가기만 하고 결국은 나를 배반하고야 말 한 생애를 지탱하
자면 얼마나 많은 술수들이 필요한가! 미리부터 단죄받아 죽음

을 면할 수 없는 것인 줄 알면서 얼마나 조심조심했던가! 매순간 그 부질없음이 내 눈에 뻔히 보이는 연극인데도 거기에 관객이 필요한 모양이다. 그렇다, 나는 마치 자기가 그 자리에 없으면 대신 박수 쳐줄 사람이 아무도 없을까 봐 걱정되어서(이 경우는 충분히 그럴 수 있는 일이다), 출연하는 친구들에게 박수를 쳐주려고 연극 구경을 가는 사람들과 비슷하다. 가끔씩 나는 어떤 대사를 귀띔해주고 어떤 행동을 하라고 지적해주고 싶어지는 때가 있다. 그러나 그것이 비록 나에게 금지된 일은 아니라고 해도, 내가 봐도 속임수임을 금방 알 것 같다. 그런데 자신의 꿈을 가지고 속임수를 쓰면 안 된다. 속이는 것도 진지한 것도 아니라면 그 꿈은 지워버려야 한다. 꿈에서 깨어나야 한다. 새들의 노랫소리가 들린다. 나는 나무들 사이로 산책한다.

  그런데 편지를 끝내면서 내가 그대에게 하고 싶었던 말이 무엇이었는지 잘 생각나지 않는다. 나의 펜은 나도 모르게 다른 어떤 목적을 찾아낸다. 펜은 언제나 장식적 표현을 향해, '잘하는' 것을 향해 미끄러져 간다. 내가 그토록 갈망하는 그 변신이 — 나의 내면에서(혹은 우주 속에서) 일어나는 것의 옮겨 쓰기와 마찬가지로 — 나에게는 금지되었음을 그대에게 분명히 말하고 싶었다. 그리하여 나는 사물들이나 존재들과의 우정 쪽으로 점점 더 밀려났음을 말하고 싶었다. 그건 곧 내가 신적인 것에서 신들에게로 옮겨가고 싶은 유혹을 느끼고 있음을 자네에게 말하는 것이다. 그대는 나를 응원하겠지, 안 그런가? 내가 가까이 다가갈 수 없는 하나의 존재와 감출 수 없는 어떤 사랑 사이에서 느끼는 갈등을 그대는 이해하지 못하는가? 어떤 친구, 바로 그가 있지 않느냐고 그대는 말하겠지. 아니다, 그것은 우정이다. 그러나 내가 어떻게 우정 속에 있는 나 자신을 상상할 수 있겠는가? 잎도 없고 열매도 없는 나무인 걸! 나는 내가 알지 못하는 그 무엇이 되어야 마땅할 것이다. 그 점, 어떻게 생각하는가, 자신이 아는 것들밖에는 생각해본 일이 없는 그대, 생각이라곤 해본 일이 없는 그대는?

코르넬리우스의 답장, 혹은 창조

그대가 보낸 편지에 나는 별로 놀라지 않는다. 그 편지는 어떤 감수성의 표현이다. 이때 감수성은 그 불변의 집요함으로 주의主義가 되고자 애쓴다. 행동에의 적성 결여, 명상 쪽으로 기울어지는 성향 같은 것이 그 체질적 특성이다. 그러나 옛날 같으면 그대를 비난했겠지만 이제 그런 식으로 그대를 몰아세우고 싶지는 않다. 그런 비난은 그렇게 비난해대는 사람들에게로 되돌아갈 수 있음을 나는 너무나 잘 알고 있다. 낙관론, 비관론, 그리고 본의 아니게 그에 따르는 모든 것(거의 모든 것)은 활력과 혈기에서 온다. 그러니 우리는 피장파장이 아닌가? 내가 관심을 갖고자 하는 것은 그 나머지, 우리가 그 얇은 막을 걷어낸 다음에 남는 것이다. 한 꺼풀 걷어낸 그 아래에 있는 것은, 그대도 알고 나도 알듯이, 우리가 지성이라고 부르는 그것이다. 그러니까 그 모든 차이들은 한쪽으로 제쳐놓고 생각하는 게 낫지 않겠는가? 왜냐하면 우리에게는 그 차이들에 적용할 척도가 없기 때문이다. 사람들은 북쪽 지방 태생인 나를 향해 나무랄 데 없는 활력과 더불어 무분별한 행동으로 나서는 성향이 있다고 나무랄지도 모른다. 서로 대립되는 두 가지를 두고 그대처럼 이것도 저것도 다 그만두는 게 아니라 이것을 하고 다음에 저것을 하는 쪽이라고 비난할지도 모른다. 그렇지 않다. 그 모든 것은 '의미가 있는' 것이긴 하지만 무슨 '증명'이 되지는 못한다.

나는 다만 그대에게, 다른 어떤 '형이상학'까지는 못 될지라도, 다른 어떤 '윤리'라고 할 만한 무언가를 제안하고 싶다. 어차피 세상만사가 다 아무래도 좋은 것이라서 우리가 구태여 저것이 아니라 이것을 택해야 할 아무런 이유는 없다고 가정할 수는 있다. 그렇다고 해서 권리포기 쪽으로 도망가야 한다고 생각하는가? 그러는 그대를 보고 무기력하다고 비난할 수는 없을까? 그대의 태도가 너무 편리한 것은 아닐까? "모든 것이 다 그게 그거다. '그러므로' 아무것도 하지 말자"라는 식이 아닐까.

분명히 말해두지만, 나는 그대가 감정과 생각을 한데 묶어서 본다고 비난하는 게 아니다. 그대의 생각과 감성이 서로 일치된다고 해서 그 생각이 가치 없어진다고 믿지 않는다. 그러나 나는 그대가 그냥 자신을 맡긴 채 휩쓸리는 형국이 되지나 않을까, 그대의 몸이 생각들을 해석하기보다는 그대에게 그대의 생각들을 부추기지나 않을까 걱정된다. 우리 두 사람이 함께 보았던 어떤 영화가 생각난다. 장소는 타히티나 마르티니크였다(아주 먼 곳이었으니까 낙원이었다). 우리는 영화의 하찮으면서도 편안한 무기력 상태, 즉 가난한 사람들이나 까다롭지 않는 사람들 특유의 아편에 빠져 있었다. 스크린에 보이는 것은 어떤 노천 카바레에서 춤추는 장면이었다. 춤추는 사람들은 잘 기억나지 않지만, 화면 속에서 춤추는 이들을 바라보는 다른 사람들의 표정은 생생하게 기억난다. 그들은 표정을 통해서 감동을 얼마나 잘 보여주었던가! 아니 어쩌면 그들은 실제로 얼마나 큰 감동에 젖어 있었던가! 춤추는 사람들이 숨을 돌리며 멈추는 것 같을 때마다 매번 그들은 행복에 겨운 듯 한숨을 내쉬곤 했다. 그대는 그걸 좋아했다. 그대가 찾는 게 바로 그것이었지……. 그런데 나는 아니었다. 아니 나도 가끔 좋아하는 때가 있다. 그러나 그걸 말로 표현하지는 않는다. 아니 좋아하지 않으려 한다. 그러나 나를 원망하지는 말기 바란다. 왜냐하면 그대도 알다시피, 내가 그 어떤 사회적 관습에 따르느라고 그런 태도를 취하는 게 아니니까 말이다. 나에게 즐거움을 거부하는 태도를 취하는 '체'(수많은 사람들이 그러듯)하도록 강요하는 것은 아무것도 없기 때문이다. 다만 나에게 즐거움은 그런 것이 아닐 뿐…….

그렇다, 그대가 그 춤(시바의 우주적인 춤)에 집착하는 데는 마음에 든다는 사실 이상의 그 무엇, 그대의 존재를 규정할 정도로 보호막이 되어주는 그 무엇이 있었다.

  우리의 출발점은 분명 같다. 같지 않은 것은 우리의 결론이다. 그대는 무한의 품에 편안히 몸을 맡기고 있다. 그런데 나는 거기서 빠져나오고……. 나는 어린아이들이 캄캄한 어둠을 무서워하듯 무한이 무섭다. 정신은 스스로 생각하는 바를 구체적으로 실현하려고 애쓰는 반면, 영원은 정신을 광기로 이끌 수 있다. 그대는 그 철학자가 기억나지 않는가? 자기 친구가 정신이상 증세를 보이자, 그냥 생각의 차원에서 보면 간신히 용납이 될까 말까 한 것을 구체적인 이미지로 실현해보려다가 그만 현기증에 사로잡힌 거라고 진단하던 그 사람 말이야.

  그대는 그냥 놀란 것 이상으로 그야말로 정신이 확 나가버린 듯한 적이 한 번도 없었나? 앞뒤를 분간할 수 없을 정도로 정신이 나가버린 경험이? 처음에는 어떤 취기였던 것이, 그대가 정신을 차리고 그것을 또렷하게 알아차리려 하자, 엄청난 고통으로 변하지 않던가? 그대는 멈출 수가 없는 거야. 언제나 새로운 그 무엇이, 언제나 그것에 대립하는 그 무엇이 나타난다. 새로운 것들에서 모순되는 것들로 옮겨 다니는 동안 그대는 그만 용기를 잃어버리는 것이었다. 그렇다, 무수한 결정면들로 이루어진 대자연이라는 이 다이아몬드가 반짝반짝 빛을 내도록 만들어보는 일은 재미있다. 대자연은 끊임없이 태어난다. 그러나 또한 끊임없이 죽어서 '다시 태어난다.' 그런데 나의 정신은 이런 여러 가지 변신들과는 달리 동요하지 않는 항구성을 보여준다. 마치 아무것도 이해하지 못하겠다는 듯이. 눈과 귀를 막는다. 매 순간 자라고 썩어가는 육신을 동반한 채 정신은 마치 시장 상점들 앞에서 아무런 흥미도 못 느끼는 여행자처럼 지나간다. 마땅히 그래야 한다. 이는 생사의 문제인 것이다. 절대의 형이상학은 인간을 죽음으로 인도할 뿐이라는 사실을 생각해보라. 그렇지 않다면 그것은 인간을 온갖 안이함에 빠져들게 만든다. 그렇다면 있을 수 있는 유일한 진리를 포기해야 한다고 그대는 내게 말할 텐가? 무리가 가는 대로 따라가야 한다고, 우리 주위의 모든 사람들이 다 같이 믿는 것을 믿어야 한다고.

이런 식으로 말한다면, 인간이 고안해낸 것은 아무것도 배우지 말아야 했다. 수학자들이 무한을 몇 개의 그룹으로 나누어 배열하고, 물리학자들이 운동의 속도를 감소시키고 화학자들이 여러 가지 교환관계들을 열거함으로써 접근할 수 있었던 놀라운 방법들을 알면 안 된다. 그러자면 루크레티우스의 호소에도 귀를 기울이지 말아야 했다. 그 역시 무한의 현기증을 느꼈지만 씩씩하게 그 현기증을 극복하려고 노력했다. 그의 마음속에서 일어나는 동요는, 내가 볼 때, 그의 시선의 단호함에 의해서만 진정 가치 있는 것이 될 수 있다. 그의 작품은 인간에게 존재하는 가장 위대한 것, 즉 어떤 패배의 비장미를 생각게 한다.

내가 그대를 데리고 가보았으면 싶은 장소가 하나 있다. 그곳은 유럽 땅에서도 가장 위쪽에 있는, 주변이 온통 늪지인 쓸쓸한 강가, 일 년 중 여덟 달 동안 빛이 없는 하늘 아래에 있다. 거기 가면 그대는 하구에서 멀지 않은 곳인데도 잿빛 화강암 둑 사이로 몇 십리인지 알 수 없는 먼 거리에 걸쳐 거세게 흐르는 강물을 보고 놀라리라. 그대는 다양한 색깔의 건축물들, 넓게 펼쳐진 광장들, 궁전과 교회들로 뒤덮인 섬들을 볼 수 있을 텐데 이 모두가 믿을 수 없을 정도로 거대한 규모다. 거기서 입가에 떠오르는 표현들이 있다면, 그것은 호사스러움, 장엄함, 풍요로움, 화려함 등등이리라. 그 같은 풍토의 땅에(게다가 그대는 그곳 주민이 어떤 사람들인지를 알게 되면 더욱 놀라리라), 감히 로마와 베네치아를 동시에 연상시키는 도시를 건설했다니 그대는 감탄을 금치 못할 것이다. 네바 강변(맞다, 바로 그 강이다)에서 조제프 드 메스트르[11]가 친구들과 산책했던 그 길을 우리도 다시 한 번 걸어 보기로 하자. 옛 상트페테르부르크의 그 기막힌 여름날 저녁들은 영원히 끝날 줄 모르는 축제인 것이다. 구세주의 날[12] 이탈리아에서 곤돌라 사공들이 쏘아 올리는, 반짝했다가 꺼져버리는 불

---

[11] 조제프 드 메스트르(1753~1821). 사부아 공국의 정치가, 철학자, 법관, 역사가, 작가. 혁명으로 프랑스에 점령된 고국을 떠나 이탈리아의 토리노로 망명하여 사르데냐 왕국의 신민이 되었다. 사르데냐 왕의 대사로 상트페테르부르크에 14여 년 동안 살았다.

[12] 구세주의 날(Festa del Redentore). 1575~76년에 창궐했던 페스트의 종식을 기념하여 베네치아에서 매년 7월 셋째 주말에 열리는 축제다.

꽃놀이 같은 것이 아니라 정신이 육체에서 해방되어 가벼워지는 느낌 속에서 금방이라도 꿈의 재료를 만들 준비가 된, 어떤 끝없는 여명, 어떤 백야와 같은 것이다. 우리는 그때 해군성 건물의 첨탑 아래로, 카테리나 황후가 세운 옛 표트르 대제 기념관 아래로 지나가게 될 것이다. 그 기념관에서 황제는 자신이 건설한 도시를, 광대한 공간 속에 자리 잡고 있어서 대로는 광장 같고 광장은 그 자체가 도시 같은 그 대도시를 손으로 가리켜 보여주고 있었다. 거기서 내려다보이는 도시의 인간들은 그 규모를 측량할 길 없는 어떤 세계 속에서 길을 잃은 채 드문드문 보이는 벌레들처럼 돌아다니고 있는 것이다. 이런 것을 원했던 사람이라면, 그의 영혼이 지닌 가치가 어떠하든 간에, 그는 적어도 창조자였다고 할 수 있다. 위대했다고 말해도 좋으리라. 그 후, 공장과 댐을 건설한 오늘날의 몇몇 러시아 지도자들 역시 그렇다고 볼 수 있다. 이런 비교는 아마도 이런저런 사람들에게는 신성모독으로 여겨질 것이다. 그러나 나는 어떤 의미에서 그런가 하는 문제는 따지지 않겠다. 이런 칭찬은 아마도 비난의 대상이 될지도 모른다. 이 웅대한 작업들은 무수한 희생(그것도 얼마나 엄청난!)의 대가로 이루어진 것이니까 말이다. 그러나 '오로지' 인간들이 대자연에 '보탠' 것, 그것도 성공적으로 보탠 것만을 생각해보라. 상상해보라, 늪지를 간척하고 운하를 파고 돌을 실어와 다지고 말뚝을 박아 그 위에 건설한 수도를. 그대는 그런 상상에도 그저 냉

담할 수 있겠는가? 만약 모든 것이 다 서로 다를 바 없이 같다면, 관조하는 쪽이 아니라 위대한 작업 쪽을 택해서 안 될 까닭이 어디 있는가?

  그대는 기억할 것이다.―표트르 대제 덕분에 생각난 것이지만―그대와 내가 암스테르담과 가까운 도시 잔담[13]에서 함께 산책했던 일을? 붉은색과 녹색의 집들이 늘어선 그토록 조용하고, 한마디로 별 볼일 없는 그 도시는 그러나 하나의 거대한 조선소였다. 달리 할 일도 없었던 우리는 장차 황제가 될 그 인물이 선박 건조기술을 배우는 동안 거처했던 오두막집을 보러 갔다. 너무나 초라한 그 오두막집에서 그대는 어떤 숨겨진 삶의 경이로움을, 알 수 없는 그 무슨 종교적인 것을 찾아볼 수 있으리라고 기대하는 듯했다. 그러나 나는 그대에게 벽에 써놓은 수많은 낙서들 가운데 나폴레옹이 했다는 말을 가리켜 보이면서 우리말로 번역해주었다. "위대한 인물에게는 그 어떤 것도 너무 작은 것이 아니다." 너무나 단순한 이 말은 내가 느끼는 모든 것을 요약하고 있었으니, 인간은 창조하기 위하여 태어났다는 것, 인간의 창조행위 속에 인간 전체가 들어 있다는 것, 인간은 애벌레가 알껍데기에 들러붙어 있듯이 그의 창조행위에 밀착되어 있다는 것,

---

[13] 네덜란드 북부, 북해 운하 근처의 잔 강변에 위치한 도시다. 표트르 대제가 1697년 조선술을 배운 곳으로 그가 거처한 집이 현재 남아 있다.

요컨대 변형될 수 있는 것은 어느 하나도 무시할 수 없다는 의미다. 위대한 인간에게는……. 그러나 그대는 위대하기는 고사하고 그냥 인간인 것도 원치 않는다.

결국 그대가 만약 인간의 행동이 이룩해놓은 이런 경이로운 것들에 믿음이 가지 않는다면, 적어도 인류가 찾아낼 수 있었던 표현 수단들에 대하여 생각해보았으면 한다. 그러다 보면 그대도 그 무관심에서 벗어나게 되리라 믿는다. 그러나 그대가 그런 표현 수단들에 민감하다는 것을, 그래서 모호하고 혼란스러워지는 경향이 있는 감정들을 최대한으로 분명한 형태로 한정하려고 노력한다는 것을 나는 잘 알고 있다. 묘비명들, 그리고 인간이 스스로를 규명하기 위하여 고안해낸 모든 것에 그대는 매혹을 느낀다. 그리고 그대의 발견들 중에서도 그대를 가장 열광적으로 흥분시켰던 것은 (좀체 열광하는 일이 없는 그대가) 바로 그리스 조각의 발견이라고 그대 스스로 내게 말한 바 있다. 분명히 해두지만, 나는 발견이라고 말했다. 우리는 매일같이 보았던 것을 어느 날 문득 발견할 수 있으니까 말이다. 우정이란 서로서로에 대하여 까마득한 옛날부터 미리 예정되어 있던 어떤 숙명의 발견이 아니고 무엇인가? 사랑이란 누구나 다 느낄 수 있는 어떤 동류성의 확인이 아니고 무엇인가? 그대는 그 조각상들의 언어를 알아들을 수 있었고 또 그 언어는 우리가 지닌 모든 능력의 언어, 다시 말해서 우리의 정신적 힘의 언어라는 사실을 발견했다. 그러므로 인간이 가지는 어떤 태도는 가치를 지닐 수 있었다. 그리고 그대는 그것이 평가오류 탓이라고는 더 이상 생각지 않을 수 있었으니……. 당부하거니와, 부디 "보지 않고 듣지 않는 것이 큰 행복"이라고 여기는 미켈란젤로의 「수인」[14]에게 되돌아가지는 말기 바란다.

　그대는 발이 쑥쑥 빠지는 진흙 같은 모래에서 헤어나는 즉시 또다시 그 속으로 빠져 들어가기를 꿈꾼다. 그대는 애매한 거부를 즐기고 있다.─그건 그대의 생각과 달리, 그대 자신의 거부이니까 말이다. 빛이 있으면 그 빛과 함께 필연적으로 생기게 마련인 그림자만을 그림자로 인정하는 그 인간의 형상들을 다시 한 번 더 바라보라. 그 형상들은 '점들'이 컴퍼스에 의하여 서로서로 연관 지어졌을 때 비로소 진정 완성된다. 그것들은 그 무슨 알 수 없는 맥 풀린 자기만족에 빠지는 대신 그 모성적인 엄정성과 접촉함으로써 새로운 모습으로 다시 태어나는 것이다. "페리클레스[15]의 과업들 하나하나는 마무리되기가 무섭게 그 아름다움으로 인하여 벌써 고대적인 것의 성격을 지녔다. 그러나 오늘에는 그 작품들이 온통 신선함과 젊음의 광채를 뿜어낸다. 그 업

14　「피에타」와 더불어 '질료로부터 해방되려는 정신의 투쟁'이라는 미학을 구현한 미켈란젤로의 '미완성' 작품들을 웅변한다.
15　페리클레스(기원전 495?~429). 아테네 제국을 전성기로 이끈 정치가. 파르테논 신전을 비롯한 아크로폴리스는 그의 시대에 이룩된 것이다.

적들은 그 안에 끊임없이 젊게 만들고 늙지 못하게 막는 어떤 정신과 영혼을 지니고 있는 듯 보인다."[16*]

그 건축물들은 그대와 정반대로 움직인다. 우선 자체의 질서를 창조하는 데서부터 시작한다. 그리하여 건축물들에 덤으로 생명이 주어진다. 그런데 그대는 단번에 영원 속으로 돌진하고자 한다.— 그리고 건축물들처럼 영원히 살아남기는커녕 그 속으로 완전히 …… 사라져버린다. 나의 경우 물끄러미 바라보고 있을 때면, 아니 오히려 평면들과 입체들이 전개되는 과정에 참여하다 보면, 마치 에우리디케가 지옥으로 이끌려가듯이 나 자신이 '창조'의 신비 속으로 이끌려 들어가는 느낌이다.

그대는 이 모든 것에 대한 내 말에 동의할 수 있으리라. 그러나 그대의 마지막 저항들이 —물론 가장 완강한 저항이지만— 아직 꺾이지 않았을지도 모른다. 그래, 나도 예술은, 그리고 삶 자체는 어떤 예정된 질서, 어떤 정해진 의지를 전제로 한다는 것을 인정한다고 그대는 말하겠지. 그 점에 대한 확신을 얻기 위해 내가 구태여 레닌그라드나 아테네로 가서 산책할 필요는 없었을지도 모른다. 그러나 내가 그 질서를 인정한다고 해도 그것은 나에게 있어서 하나의 관습에 불과할 뿐이다. 기껏해야 내 욕망의 표

[16*] 플루타르코스[46?~120?. 로마 제정기의 그리스인 철학자이며 전기작가. 그리스와 로마의 영웅들 이야기와 그들의 인물평을 담은 『영웅전』이 있다.]

현일 테니까…….

─나에게 그건 대단한 거야. 그밖에 또 무엇을 더 바란단 말인가? 그대는 그대가 '정통파'라고 부르는 사람들을 상대로 논쟁을 벌였다. 그들이 제대로 생각해보려고도 하지 않았던 것을 믿는다고 자처했기 때문이다. 그러나 그들이 내세우는 이른바 독트린이라고 하는 것들은 그저 그들 행동의 성급한 정당화였다. 사실 그들은 자신들의 믿음을 제대로 정당화하지도 못하고 있다. 아직도 '진리'라는 낡은 관념을 깨끗이 포기하지 못했기 때문이다. 그들이 여러 가지 '이유들'을 축적하면 할수록 더욱 더 오류를 범하는 것이다. 물론 그들은 아직 니체의 목소리를 듣지 못했다. 그런데, 그대는 왜 지도자들이나 예술가들의 진리가 그렇듯, 그들 진리의 근거가 자신들 안에 있음을 인정하지 못한단 말인가? 유럽에서 우리가 무제한의 비판에서 갑작스럽게 편파적인 결정으로 옮겨왔음을 잊으면 안 된다. 그런데 그대는 문제들에 선행하는(그리고 문제들을 무용하게 만든다고 여겨지는) 해답들을 고집스레 거부한다. 설령 내 생각이 옳다 할지라도, 그대는 그 자체로서 충족되지 않는 어떤 생각에 행동이 종속되기를 바란다. 그대는 인간의 창조가 따지고 보면 어떤 생식행위에 불과하다고 생각한다. 그리고 어떤 영원한 진리를, 창조된 것이 아니라 원래부터 존재하는 어떤 빛을 믿는다.

그렇다, 어쩌면 사람은 누구나 등을 기댈 곳이 필요하다. 가장 큰 대담성을 갖춘 순간에도 말이다. 이 바위[17]는 네 조상의 후손일 수도 없고 그대 고장의 분위기일 수도 없고 그대 시대의 그 흔한 추상화일 수도 없고 그대가 속한 계급의 희망일 수도 없다고 그대는 내게 말한다. 그렇다면 그대가 떨어져나가서 난바다에 떠다니기를 원한다면 내가 볼 때 인간과 어울릴 수 있는 건 아무것도 없다고 생각된다. 그러니 그대의 '절대'는, 그것을 통역해줄 수 있는 존재가 없으므로 무와 다름없다.

 그대가 어떤 신 없이는 아무것도 할 수 없다고 생각한다면 모르겠지만. 그러나 이는 또한 인간의 행동이 헛된 것이 아니라는 의미일 수는 없을까? 인간이 무가치한 존재라고 해도 작품은 그렇다기보다 다만 신의 협조를 필요로 할 뿐이라는 의미일 수는 없을까? 그리고 만약 그대가 우선 행동부터 시작하지 않았을 경우, 그대가 우선 스스로를 만들어가는 일부터 시작하지 않았을 경우, 과연 그대는 자신을 안다고 생각하는가?

---

[17] 여기서 바위는 '절대'를 의미한다.

코르넬리우스의 두 번째 편지의 단편들

....

 나는 그대가 옳다는 것을 지체없이 그대에게 말하고 싶다. "만약에 모든 것이 가치상 아무런 차이가 없다면, 그리고 그럼에도 불구하고 행동해야 한다면", 가장 정력적으로, 가장 효율적으로 행동하는 것이 낫지 않겠는가? 관조적인 삶은 가장 손쉬운 해결방식을 따르는 무기력이며 체념에 불과하다. 선택하기를 거부할 수 있다고 믿지만 사실은 다른 사람들이 자신을 대신하여 선택하도록 방치하는 일이니 말이다. 중립적인 행동이란 없으며 중립적인 사고도 없다. 우리는 단호한 결단을 내리지 않으면 안 된다.
 우리 시대를 대표하는 그대이지만 그대가 내게 열어 보이는 전망들로 인하여 나는 아무래도 침통한 심정을 금할 수 없다. 우리 시대가 미친 듯이 행동 ─ 무용한 행동, 맹목적인 집단행동 ─ 속으로 내닫게 된 이래 얼마나 많은 사람과 재화를 낭비했는가. 그리고 문제들을 제거하는 것이 고작일 뿐, 정작 곤란한 문제들에는 대답하지도 못한 채 맹렬히 행동한다는 것이야말로 솔깃한 유혹이 아니겠는가? 그런데 그대는 안이한 것을 좋아하지 않는다니…….

모든 것이 다 똑같은 가치를 가진다면, 거리낌 없이 충격을 가함이 어쩌면 가장 좋은 '창조'의 방식일는지 모른다.

그런데 다만, 모든 것이 똑같은 가치를 지닌다? 내가 다시 문제 삼고 싶은 것은 바로 나의 원칙 그 자체다.

········

나는 나의 '절대'를 제대로 정의내리지 않았다. 나는 그것을 대자연의 정경에서 이끌어냈는가, 아니면 정신에 대한 성찰에서 이끌어냈는가?

만약 그것이 대자연에서 출발함으로써 가능했다면 나는 우리가 어떻게 무관심으로부터 벗어날 수 있을지 알 수 없다. 대자연은 우리가 기꺼이 빠져 들어가는 어떤 심연이다.

우연히 만난 어느 선원은 내게 자기가 어떻게 하여 선원이 되었는지 말해주었다. 그는 수평선이 어딘지 정확히 경계 짓는 것이 불가능해서 선원이 되었다. 그는 브르타뉴의 어느 황무지에 자리한 농가에서 어린 시절을 보냈다. 대양이 파고 들어오는 그

땅은 사람이 살 곳이 못 되었다. 자기 자신의 삶 이상으로 그 황폐한 공간들, 그 음울한 지평선들, 불모의 세계라는 점에서는 하늘이나 바다나 다를 바 없는 그들의 삶을 몸소 살면서 경험해보고 난 뒤에야 비로소 그 세계를, 세계라 할 수도 없는 그 세계를…… 인간이 계속 목숨을 부지하고 살려면 결국 도망쳐버릴 수밖에 없는 그 세계를 이해할 수 있다고 그는 내게 말했다.

 모든 것이 그토록 잘 분류되고 미리부터 예정된 고장, 튤립 하나도 지정된 자리 지정된 시간에 피는 그대의 고장에서 과연 그대는 그 선원처럼 '공허'의 감정을 느껴보았는가? 절대로 못 느꼈을 것이다. 그대는 오직 잘 분할된 창유리들을 통해서만 풍경을 바라보았다. 그대는 단 한 번도 땅바닥에 누워서 하늘을 바라보며 그 하늘이 대야를 뒤집어엎을 때처럼 쏟아져 내려오는 것을 본 적이 없다. 그대는 바다 한가운데서 그대를 이해하지도 떠받쳐주지도 못하는 이름 없는 그 무언가 속으로 길을 잃고 빨려들어가는 느낌을 맛본 적이 없겠지? 그건 순전히 개인적인 인상들일 뿐이라고 그대는 내게 말할 것이다. 나에게 그 말을 해준 이도 마찬가지로 그렇게 생각했다. 나는 그렇게 생각지 않는다. 어떤 사람들이 사진이나 목걸이를 몸에 지니고 다니듯이 내가 마음속에 지닌 그 '절대'의 이미지(만약 절대가 어떤 이미지를 가질 수 있다면)는 도가 지나친 것이었다. 물론 거기서 벗어나기란 어떤 마약에서 벗어나는 것만큼이나 불가능하다. 그것의 진정한 본질을 알게 되는 자체가 벌써 대단한 일이다.

그런데 '절대'가 정신적인 것이라면? 나를 무관심으로부터 벗어나게 해주지 않을까? 정신은 사물들 사이의 '차이'를 만든다. 심지어 정신은 그에 어울리지 않는 것은 듣거나 보기를 거부한다고 알려져 있다. "나는 이것 혹은 저것에 대해서밖에는 아무것도 기억하지 못한다"는 것이다. 그러니까 애초부터 어떤 선별이 이루어져 있는 것인가? 그 선별을 시작으로 우주 속에 정신에 의하여 만들어진 교묘한 서열관계에 이르기 위해서 말이다. 나는 단테와 성 토마스, 그리고 또한 내가 이해하는 한 현대물리학이 구성한 내용들에 감탄을 금치 못한다. 그러나 나 자신의 내면으로 돌아와보면 내 정신 속에서는 모든 것이 다 동등하고, 우리 시대의 어떤 사람이 말하듯 모든 것은 상호 대체될 수 있음을 느낀다. 헐벗음, 포기는 지성의 본질적 상태. 그것들은 실제로 나에게 '기본적인 것'의 느낌, '진정한 것'의 느낌을 준다. 세계의 쇄신이 이루어지는 위대한 시대들은 모든 것을 근본적으로 재반성한다. 앞서의 모든 개념은 다 거짓으로 보인다. 그 개념들 자체가 마찬가지 운명에 처하리라. 정신은 무한한 잠재성이다.

· · · · · · · ·

나는 지금 '대자연'과 '정신'에 대하여 본능적으로 느끼는 것을 그대에게 설명하고 있다. 요컨대 나는 이제 이 '자연발생적인' 감정들에 더는 속지 않겠다고 그대에게 말해두고 싶다. 나는 감정들이 자연발생적이라고 더는 생각지 않는다. 심지어 인위적인 것의 극치라고 여긴다. 그것들은 원초적이기는커녕 후천적으로 획득된다. 우리가 진정하고 원초적이라고 간주하는 것은 여러 가지 상태들의 혼동에 불과하다. 우리는 근본까지 파내려갔다고 믿는다. 그런데 실제로는 지붕 위로 올라간 것이다. 그리하여 자신이 획득한 지식의 꼭대기, 자신의 복잡한 감정의 꼭대기에서 오직 눈앞의 '공허'만 볼 뿐이다. 이 모든 것은 고대인들의 4원소처럼 별로 '원초적'이지 못하다.

· · · · · · · ·

그러므로 나는 오직 나의 오류를 뉘우치고 싶을 따름이다. 다만, 내게 전제군주의 모델이 아닌 다른 창조의 모델을 제시해주기 바란다. 사실 그대는 독재자와 지도자를 동일하게 보고 있다. 페리클레스와 표트르 대제는 그 나라들 사이의 거리보다 서로 더 멀리 떨어져 있다. 나는 사람들이 내게 고대 이집트의 파라오들을 모델로 제시해주면 더욱 좋겠다. 나는 정말이지 그 기념물들이 아무리 거대하다고 해도 아크로폴리스의 기념물들과는 감히 비교하지 못한다. 나는 올림피아 들판의 그 빛나는 고요를 잊을 수 없다. 그것은 사막이나 얼음덩이와는 아무 상관이 없다. 나는 알페이오스[18] 강가에서 어떤 독재군주나 어떤 '절대', 어떤 인간이나 어떤 사상의 노예가 된 사람들에게서 볼 수 있는 그런 경악스러운 흔적은 보지 못했다.

그렇다면 우리가 개미소굴에 빠지지 않고 혼돈에서 벗어나게 해주는 것은 무엇인가? 아마도 예술이리라. 고대 그리스 석상들의 말없는 얼굴들을 바라보면서 우리는 에게 해의 쿠로스[19]나 코레[20]들에서부터 알렉산드로스 시대의 조각상에 이르기까지 그들이 모두 다 미소를 짓고 있음을 볼 수 있다. 그 미소는 얼마나 큰 기쁨을 주는가! 그것은 수줍은 부름, 불분명한 여명, 차마 드러내놓고 표하지 못하는 희망이다. 거기에는 그대가 행동의 열광 속에서 찬양해 마지않던 것은 전혀 찾아볼 수 없다. 어떤 의지 없이는 어떤 위대한 것도 이루어지지 않는다는 사실을 나도 인정한다. '운명'의 감정 없이는 가치 있는 그 무엇도 이루어지지 않는다는 것을 나에게도 인정해주기 바란다. 그 미소는 그 두 가지 중간쯤 되는 것이다. 나는 어떤 연약함을 그처럼 용기 있게 인정하

---

[18] 그리스 신화에서 신격화된 펠로폰네소스의 강.
[19] Kuros. 그리스어로 '청년'을 뜻하며 고대 그리스(기원전 650~500) 시대의 젊은 남자 조각상을 말한다.
[20] Kore. 그리스어로 '소녀'를 뜻하며 고대 그리스 시대의 처녀 조각상을 말한다.

는 것이 마음에 든다. 그것은 정신으로 하여금 정신 그 자체를 초월하게 하고 형체 없는 '운명'을 개인의 숙명으로 탈바꿈하게 해주는 어떤 장애에 대한 깨달음이다.

나로 하여금, 달리고 있는 동안에도 그들의 최종적인 목표가 '다른 곳'임을 잊지 않은 저 '승리의 여신들'에게 시선을 고정한 채, 살고 또 죽게 해다오.

어쩌면 여신들 자신은 그 목표가 '다른 곳'이라고 믿지 않을지도 모른다. 그러나 그들은 우리로 하여금 그렇게 생각하지 못하도록 막지는 않는다. 그들은 영광을 추구한다. 영광의 추구는 패배하게 되어 있는 줄 진작부터 알고 있는 것을 영원불멸로 만들려는 욕망이다. 이는 바벨탑을 건설하려는 무모한 희망을 몰아내는 것이며 분별 있는 절망을 통하여 신적인 것에 최대한 가까이 다가가는 것이다.

예술은 곧 독단도 폭력도 없는 창조다. 그대는 봄에 나뭇잎들이 어떻게 펼쳐지는지 보았는가? 마치 천천히 퍼지면서 태양을 향하여 뻗어나가는 두 손과도 같다. '대자연' 역시 어떤 분석을 통해서 지고의 행복을 열망한다.

만들어진 것은 해체되고 합쳐진 것은 분리된다는 사실을 나는 잘 알고 있다. 거기에 예술의 한계, 시의 한계가 있다. 저절로 부서져 가루가 된 것을 한 덩어리로 뭉치게 할 수 있을 만큼 충분히 강력한 접착제를 어디서 구할까? 불가능한 변신은 안 되겠지만 인간을 '절대'에 붙들어 매어줄 그 무엇을? '단일성'이 아니라 '결합'이다(내가 이 편지에서 그대에게 말하는 바가 바로 '결합'이 니까). 우리가 존재하다, 라는 단어를 사용할 때의 의미에서 그것이 존재한다고 말할 수도 없는 '절대'에, 질료도 정신도 아닌 '절대'에 우리가 직접 결합되는 것이 가능한가? 어떤 사람들은 말로 표현할 수 없는 그 결합을 체험했다. 그들 가운데 한 사람은 말한다. "그때 내 눈에 보이는 '존재'는 더 이상 나 자신이 아니다. 나는 나를 잊었으니 말이다. 그는 다른 존재가 아니다. 나는 그가 더 이상 나와 다르다고 느끼지 않으니 말이다. 그렇다면 그가 존재한다는 것을 어떻게 아는가? 그가 없이 내가 존재할 수 있다고 어떻게 믿는가? 너무나 단순해서 겉도 없고 속도 없는 어떤 현실에 대하여 뭐라고 말할 수 있는가? 우리가 말로 표현할 수도, 남들을 믿게 만들 수도 없는 그 신비를 겉으로 드러내 보이고 싶다는 것인가? 사람들 각자 자기의 힘으로 자신 안에서 찾아야 한다."[21*]

특별한 사람들만이 경험하는 그 순간들이면 충분한 것인가? 나는 그 순간들이 그렇게 하여 어떤 지속적인 삶을 살게 해준다고 생각지 않는다. '절대'와 그 순간들 사이의 결합은 너무나 드

[21*] 플로티누스(205~270. 그리스의 철학자이며 신비사상가. 플라톤의 이데아를 초월한 '무한의' 존재자를 추구하는 '일자'(一者)철학을 주장했다).

물다. 그들 사이에는 중개자가 필요하다(이것이 오히려 내 편지의 주제라고 하겠다. 어떤 중개자를 통해서만 가능해지는 결합 말이다). 그렇게 되면 인간의 삶은 그 덧없는 속성에도 불구하고 진지한 것이 된다. 인간은 마치 이 세계가 중요한 것이라도 되는 양 세계 내에서 일할 수 있고, 또 세계가 중요하지 않다고 생각할 수도 있다. 이는 인간이 미리부터 그 결실을 기대하지 않으면서 하는 태연한 활동인 것이다. 그러나 그 모두에 요구되는 것은 …… 어떤 충실성이다.

해설

장 그르니에와 지중해

지중해는 장 그르니에의 작품 속에서 중요한 자리를 차지한다. 그렇지만 그가 유년 시절과 청소년 시절을 보낸 곳은 프랑스 북부의 브르타뉴다. 그는 열일곱 살 때 그곳을 떠나 파리로 와서 소르본 대학교에서 철학공부를 시작했다. 브르타뉴는 고르지 못한 날씨 때문에 언제나 그에게 삶의 어려움이 가중되는 땅으로 여겨졌다. 나직하게 내려앉은 회색빛 하늘, 거센 바람, 너무나 짧은 여름은 그에게 일찍이 그 고장에 오래도록 눌러 살 용기를 꺾어버렸다. 반면에 지중해는 빛과 열기와 확신의 절박한 욕구에 응답해주었다. 이 빛 밝은 세계는 그에게 글쓰기의 열정을 고무하는 동시에 삶을 즐기도록 부추겼다. 바이런, 샤토브리앙, 괴테, 지드 같은 많은 북쪽 출신의 작가들이 남유럽 나라들에 강한 매력을 느꼈다. 그것은 보다 즐겁게 살아가는 지혜를 가르쳐주는 동시에 작품세계를 성숙시킨다는 점에서 이중의 매력이었다.

브르타뉴 군도에서 배태된 어두운 상념들의 표현인 『섬』(1933)은 부지불식간에 남유럽의 공간들을 향하여 방향을 돌렸다. 그리하여 이미 그때 모든 감각들로 메아리치는 리듬과 육감의 시적 산문을 드러내 보였다. 바로 『지중해의 영감』(1941)에서 장 그르니에는 훗날 카뮈가, 아마도 니체에게서 힌트를 얻은 듯, "정오의 사상"[1]이라고 명명하게 될 문체로, 자신만의 체험을 통해 얻은 감동과 감각과 성찰들을 표현하고 발전시킨다.

그르니에가 체험한 지중해는 계속하여 절제와 조화의 교훈을 주지만 또한 아폴론의 얼굴을 한 우리 인간조건의 어두운 몫을 암시하고 있다. 모든 색채들을 다 태워버릴 듯 태양이 작열하는 바닷가에서 지중해는 침묵과 고독 속에서 어떤 헐벗음을 가르쳐 준다. 제한된 현실 가운데 살고 일하고 창조하는 인간의 헐벗음, 이 작가가 "인간적인 것의 여백"이라고 지칭하는 그것 말이다.

나폴리의 빌라 플로리디아나 꼭대기에서, 또는 알제 제1고등학교의 테라스 꼭대기에서 그르니에는 자주 지중해를, 그 "무한을 암시하는 어떤 간결함"[2]을 바라다보았다. 그 예외적 공간의 존재감으로부터 그의 사상과 예술의 본질이 가장 뚜렷하게 드러

---

[1] 「정오의 사상」, 『반항하는 인간』 제5장, 알베르 카뮈 전집 15, 김화영 옮김, 책세상, 2003.
[2] 「하드리아누스 황제의 별장」, 『지중해의 영감』, 김화영 옮김, 이른비, 2018.

나는 산문들이 태어났다. 그 산문들은 어떤 선택된 발견의 경이로움으로부터 생겨나서, "유별난 순간들"[3]의 충만감을 고양시킬 수 있는 서정적인 액센트로 연장되는 동시에 매 순간 장 그르니에라는 인간과 작가를 새롭게 태어나도록 만드는 힘의 원천이다.

프로방스

"내가 브르타뉴를 떠난 것은 오직 프로방스에 정붙이기 위해서였다."[4] 그르니에가 이렇게 프로방스를 발견한 것은 1921년이었는데, 그때부터 이 젊은 작가는 종교적 감정을 재구성하는 길고 긴 작업을 시작하게 된다. 이는 그가 철학적·문학적 문제들을 깊이 성찰하는 가운데 추진해가는 재구성 작업이었다.

프로방스는 뿌리 뽑히기와 뿌리 내리기 사이에서 그 모습을 갖추어간다. 즉 그 고장은 처음의 낯설음을 새로운 환경에의 정착으로 탈바꿈시킨 것이다. 다시 말해서 브르타뉴 사람으로서의 정체성 상실은 유년 시절과 청소년 시절의 박탈을 의미했지만 그러한 단절은 창조적 자유를 획득하는 기회였다. 마치 브르타뉴적 신앙이 가하는 억압에서 벗어나자 새로이 구축한 균형 잡힌 프

---

[3] 「행운의 섬들」, 『섬』, 김화영 옮김, 민음사, 1997.
[4] 「Cum apparuerite」(1930), 수정한 텍스트 「프로방스 입문」, 『지중해의 영감』, 앞의 책.

로방스적 시간의 삶이 찾아오는 형국이었다.

  프로방스는 그르니에로 하여금 자신의 생각들에 새로운 기운을 불어넣어 재검토하고 그 생각들을 고치거나 다른 방식으로 재구성하도록 자극한다. 그리하여 그는 마음속에 떠도는 주제들을 다시 검토하고 변주시키거나 순서를 바꾸는데, 이 주제들은 『섬』에 실린 마지막 몇 편의 글에서 이미 프로방스를 예고하고 있었다. 이 고장의 모든 것이 긴장을 풀도록 권한다. "나는 이 고장에 올 때면 내 속에서 뭔가 맺혀 있던 것이 풀리고 마음속의 불안이 걷힌다는 생각을 했다. 그건 마치 누군가 상처에 확실하면서도 부드러운 손을 갖다대면서 그 상처가 아물기 시작하는 것 같은 그런 느낌이다. 그것은 어떤 신선함의 감각이다."[5]

  20세기 초엽 브르타뉴에는 기독교의 원리들이 깊이 침투해 있었는데, 그 원리는 유난히 금욕적이어서 사람들에게 고통이 되었다. 우리는 여기서 그르니에가 윤리적인 규범 면에서 유난히 엄격하고 교육적인 면에서 가혹한 성모 마리아회 수사들이 운영하는 학교에 다녔다는 사실을 지적해둘 필요가 있을 것 같다. 엄격한 가정, 딱딱한 학교 교육은 정신적인 상처를 유발할 수도 있었지만 그르니에는 모종의 무관심에 기대어 긴 시간에 걸쳐 극복할 수 있었다. 그 무관심은 그로 하여금 회의주의적 세계관을 받

---

[5] 「들판에 돋은 풀」, 『지중해의 영감』, 앞의 책.

아들이게 했다.

  자신을 모든 것에 개방함과 동시에 경계하는 태도가 바로 회의주의의 특징이다. 왜냐하면 회의주의자는 인간과 사물 들의 복잡함을 뚜렷하게 의식하기 때문이다. 이러한 태도는 세계를 받아들이지만 동시에 세계와 분리된다. 자신과 세계 사이에 어떤 거리를 만들어내는 이런 입장은 지탱하기가 어렵다. 왜냐하면 차례로 그 거리를 단축시키기를 요구하고 또다시 그 거리를 벌려놓기를 요구하기 때문이다. 장 그르니에의 내면에 공존하는 철학자와 예술가들이 몰두하는 작업이란 바로 이러한 것이다. 철학자는 이상적인 것을 제시하고 끊임없이 거기에 대하여 질문을 던지는 반면 예술가는 존재하는 것을 고양시킨다. 프로방스는 바로 그 땅에 이상적인 것을 강요할 수 있었던 고장이다. 그리하여 가령 로마네스크 건축은 그르니에가 찬양해 마지않던 자연적 형태를 정화한 모습을 보여준다. 그만큼 그 건축이 그에게는 삶 자체와 불가분의 동질적 예술로 보였던 것이다. 요컨대 프로방스는 인간을 공간과 시간, 그리고 그 자신과 화해하도록 인도하는 삶의 예술을 고안해냈다는 점에서 하나의 휴머니즘인 것이다.

지중해의 영감

  이 세계의 그 어느 곳보다도 더 지중해는 그에게 순간순간의 계시들을 촉발한다. 시각을 통해서, 그리고 청각과 후각을 통해서, 현실의 이 순간들은 폴 발레리의 영향이 감지되는 '지중해의 영감들'의 출발점이 된다. 발레리는 1933년 11월 24일에 가진 한 강연에 바로 이 제목을 붙였고, 그 내용은 1936년 그의 『바리에테 III』에 다시 수록되었다.

주님의 공현을 뜻하는 '에피파니'épiphanie는 어원적으로 '나타남'을 의미하는데, 그것은 곧 풍경이 시선에 제공할 수 있는 엄청난 선물이다. 나타남으로서의 에피파니는 문득 주어지는 이미지인 것이다. 그르니에는 이 책에 붙인 짧은 서문에서 저마다의 인간은 어떤 예외적이고 드높은 기쁨을 얻을 수 있는 장소들을 알고 있음을 분명히 함으로써 그가 이 책에서 의도하는 바를 밝히고 있다. 그는 서문에서 다음과 같은 플로베르의 말을 인용한다. "나는 가끔 삶을 초월하는 어떤 영혼의 상태를 엿본 적이 있다. 그 상태에서 보면 영광이란 아무것도 아닐 것 같고, 행복 그 자체도 거기서는 부질없을 것 같다."[6]

그르니에는 낭만주의자들과 거리를 두고자 하므로 이런 나타남들을 무슨 기적이나 신적인 것의 직관과 유사한 것으로 간주하기를 거부한다. 그는 오히려 관조를 말하고자 하고 '행복과 불가분의 관계를 가진 진리'를 말하고자 한다. 한 걸음 더 나아가

---

[6] 「서문」, 『지중해의 영감』, 앞의 책.

형이상학이라는 말을 동원하기까지 한다. 그렇다면 그것은 '절대의 숭배와 행동의 숭배' 한중간, 또는 등거리 지점으로 간주될 수 있는 형이상학이리라. 이런 예비적 전제들은 지중해와 관련된 인식론적 토대를 제시하는 데 그 목적이 있다. 이 인식론은 나타남의 현실을 관찰·관조하는 행위에 그 바탕을 두고 있다. 흔히 높은 곳에 위치한 어떤 시점에서 인지한 도시나 풍경의 선들과 형태들은 글쓰기를 가능하게 하는 출발점으로서의 기초적인 원료를 이룬다. 우선 정보의 제공과 묘사의 기능을 맡는 문장은 유동적이고 신속하며 정확한 동시에 그것이 독자들에게 자아내는 울림으로 인하여 '몽환적'이다. 간략한 내면적 성찰과 연이은 관찰들을 통하여 그 문장은 명상적 분석으로 기울어지는 다른 문장들에 영향을 미친다. 이리하여 결국에 가서는 텍스트 전체가 겉보기와는 다른 어떤 것을 드러내 보인다. 아라베스크 문양 같기도 하고 소용돌이 꼴 같기도 한 범신론적 생각들이 어떤 탄생의 감정을 싹트게 한다. 마치 작가가 이제 겨우 태어나기 시작하기라도 한다는 듯이. 문득 깨어난 독자의 감성은 행동이 결여된 여러 장면들의 연쇄에서 자양분을 얻고 이렇게 연속된 장면들의 전체는 놀라운 그림으로 변한다. 이 그림 앞에서 독자는 어떤 광대한 파노라마를 굽어보는 공중거주자, 또는 하드리아누스 황제 별장의 그 혼합적 전체를 두루 돌아다니며 구경하는 산책자, 또는 고대 그리스적 에피파니의 보편적 메시지를 발견하는 단순한 행인이 된 기쁨을 맛본다. 아마도 폴 발레리의 '지중해의 영감'을, 이 책의 또다른 머리글이라 할 수 있는 장 그르니에의 시적 산문 「산타 크루즈」와 비교해보면 흥미로우리라. 감정과 지성을 효율적으로 단순하게 구별하여 배열한 엄격하고도 분명한 발레리의 글쓰기 방식은 그르니에의 글쓰기 방식이 아니다. 발레리가 자연 앞에서 자신을 내맡기는 감정을 신속히 토로하고 있다면 그의 지성은 지중해적인 문화에 또 다른 전망들을 구축하는 편을 택한다. 그런데 그르니에를 보면 그 자기 내맡김의 감정은 영감의 모티프나 모델로 기능한다.

『지중해의 영감』에서 글쓰기의 체계는 광범한 고전적 키케로 시대를 따라 전개되고 있다. 수다한 주제들의 그물망은 책 전체의 광원인 에피파니와 그 표현을 중심으로 촘촘히 짜이고 글쓰기는 그 광원을 번역 표현한다. 담론은 자연의 어떤 모방에서 그 독창성을 찾는데, 우리는 그 자연의 모방을 '떠미는 힘'이라는 말로 특징지을 수 있으리라. 눈앞에서 진행되고 있는 글쓰기 작업은 해방의 동력인 떠미는 힘으로 작용하는 가운데 그 힘이 고양되어 마침내 어느 순간 작가가 자신이 관조하는 세계와 맺는 교환방식이 단순히 이기적인 교섭에 그치지 않고 순간의 충만과 찬미, 아폴론적 소비, 혹은 마법에 이르기를 '나타남'이 요구하게 된다. 그르니에는 자연의 대 파노라마 속에서 그 모습을 드러내는 삶의 깊이를 보여주며 교환과 상응의 지역을 고안해낸다. 지중해 풍경의 장관 속에서 그르니에를 그토록이나 끌어당기는 것은 바로 그 풍경이 돌연히 담아내는 내재적 깊이다.

"우리가 빵과 물처럼 필요로 하는 것, 어떤 몸처럼 배고파하고 목말라하는 것, 그것은 우리를 개방된 하늘로 내던지고 우리의 고백들을 봇물처럼 해방시키는 저 가벼운 떠미는 힘이다."[7]

지중해에 던지는 시선들

그르니에는 자신이 지중해 세계에 대하여 느끼는 매력을 "바람직한 세 가지 S, 즉 침묵(silence), 태양(soleil), 고독(solitude)"[8]이라는 유명한 공식으로 압축하여 표현했다. 이 세 가지 덕목은 발레리가 언급한 세 가지 신들, 즉 "바다·하늘·태양"을 연상시키는 동시에 결국 소멸하고 말지만 근본적인 재화들인 바다·태양·빛에 대한 카뮈의 애착을 예고한다.

카뮈는 『안과 겉』에서 "나의 왕국은 송두리째 이 세계의 것이다"[9]라고 소리쳐 말했다. '하늘의 왕국'이라는 기독교적인 개념의 이 같은 영역 이동은 죽음 저 너머의 영원한 삶이라는 생각에

---

[7] "interiora rerum", *NRF*, 1927.
[8] 장 그르니에, 『어휘 사전』*Lexique*, 탐구총서, Fata Morgana, Montpellier, 1982, p. 94.
[9] 알베르 카뮈, 『안과 겉』, 김화영 옮김, 책세상, 1988, 100쪽.

대한 명백한 거부를 의미한다. 영원은 지금 여기에 눈부신 모습으로 존재한다. 반면에 장 그르니에의 경우, 경험은 다름 아닌 부재의 경험인바, 그 부재의 한가운데서 애타는 부름이 솟아오른다. 이 두 작가는 주어진 자연의 여건들을 바탕으로 인간과 세계의 재현을 구축하려고 노력하지만 그들의 사상은 삶에 대한 치열한 사랑이 카뮈의 경우에는 은밀한 절망으로, 그르니에의 경우에는 은밀한 희망으로 이끈다는 점에서 그 상관관계의 차이로 방향이 갈라진다. 한쪽은 서정적이고 다른 한쪽은 암시적인, 그 상이한 스타일로 자기를 표현하지만 둘 다 감각을 부챗살처럼 활짝 펼쳐 보이는 방식에서는 유사하다.

카뮈는 "이 세상 최초의 아침처럼" 충동과 만남들의 신선함, 접촉과 감동의 놀라움을 되찾았기에 새로 태어난 영혼이 되어 높은 언덕을 내려온다. 그르니에는 언덕 꼭대기에 이르러 자신을 다른 결혼들과 갈라놓는 '간극'을 끊임없이 헤아린다.

카뮈는 자신이 목도하는 고통에도 불구하고 인간이 이를 수 있는 최상의 것을 탄생시킬 수 있다는 생각을 버리지 않는다. 그리하여 이 믿음은 인간에게 이 세상의 가장 중요한 자리를 할애하는 어떤 휴머니즘의 모습을 갖춘다. 이 점에서 기이하게도 과학정신과 가까운 그르니에는 에너지의 증가란 오직 에너지의 외적 원천에서만 올 수 있다고 믿는다. 달리 표현해보자면, 개인은 그 자신보다 더 나은 무엇이 그에게 끼치는 영향에 따라—이것이 바로 그르니에의 휴머니즘이 갖는 의미다——보다 나은 존재가 될 수 있다는 것이다. 이 철학자에 따르면 아마도 지중해가 주는 영감이란 바로 이것일 터다.

그리스는 인간을 신과 갈라놓는 거리를 끊임없이 측정하고 둘 사이에 다리를 놓으려고 노력했다. 그리스의 철학·예술·과학은 신적인 것과 인간적인 것 사이를 매개하려는 노력들이다. 우리가 조화·비율·척도 같은 개념들을 중계라는 개념과 연관시켜서 생각해보지 않는다면 어떻게 이해할 수 있겠는가? 우리는 바로 그 중간적인 지점에서 그리스 사람들의 조직자적인 사랑과 기독교도들의 사랑을 만나게 된다. 그리스 사상과 기독교 사상은 다 같이 지중해의 산물이다. 그 둘은 모두 그들의 자양분인 빛에 매료되었고 그 빛을 눈부시게 반사했다.

장 그르니에는 지중해의 공간을 편력하면서 예외적인 장소들을 찾아냈다. 나폴리에서처럼 세비야에서, 레바논에서처럼 이집트에서, 시디부사이드에서처럼 튀니스에서, 그는 돌연 "획득될 수 있는 모든 것을 획득했다." 지중해가 어느 날 분열과 대결의 장소이기를 그치고 특별한 만남들의 장소가 될지 어떨지는 미래가 말해주리라. 그리 멀지 않은 과거에 지중해는 몇몇 개인들과 집단들에게 있어서 수용·통과·교환의 공간이었다. 장 그르니에는 사상·장소·행동 들이 인간을 한데 결집시킨다고 믿는 쪽에 속한다.

사람들이 그의 '지중해적' 작품 속에서 유산의 전달과 사상의 순환이라는 바탕 위에 어떤 공통의 역사를 건설하는 데 힘이 될 어떤 상징을 읽어낼 수 있었으면 좋겠다. 남쪽에 기원을 둔 유럽이 그 토대가 되는 가치들을 훼손하는 새로운 도전들에 대처해야 하는 이즈음, 우리는 그 어느 때보다도 장 그르니에의 지중해적 예지의 교훈에 귀 기울일 필요가 있다.

2018년 5월 파리에서
파트리크 코르노

장 그르니에 연보

1898	2월 6일. 카미유 장 샤를 그르니에Camille-Jean-Charles Grenier, 파리에서 출생.
1900경	부모의 이혼. 어머니는 브르타뉴로 돌아갔다가 나중에 재혼.
1904~15	브르타뉴의 생브리외에 있는 생 샤를 학교를 다니다.
1917	문학학사(파리). 생브리외에서 루이 기유를 만남.
1918~22	파리에서 수학. 루이 르그랑 고등학교. 소르본 대학교. 이탈리아 여행.
1922	생브리외에서 에드몽 랑베르를, 파리에서 막스 자콥을 만남. 계부 사망. 철학분야 대학교수 자격증 취득.
1923	아비뇽에서 첫 교사직을 얻음. 오스트리아, 이탈리아 여행. 처음으로 몇몇 잡지에 글을 발표.
1923~24	『철학』Philosophies 지 창간에 가담.
1924~26	나폴리 프랑스 학교Institut français 교사로 임명됨. 그곳에서 같은 교사직을 맡고 있는 작가 앙리 보스코를 만남. 7월, 런던 방문.
1925	쇼펜하우어, 쥘 르키에, 막스 자콥, 마르탱 쇼피에에 대한 글들을 발표.

	「브르타뉴 출신의 철학자 쥘 르키에」를 『브르타뉴 투리스티크』지에 발표.
1926~28	몇 개월간 갈리마르 출판사에서 사무원으로 일함.

그리스 여행(1926). 파견 근무를 맡아 네덜란드, 독일, 폴란드, 체코슬로바키아, 터키, 그리스에서 강연. 동물들에 대한 총서를 창간하려고 노력.

『N.R.F.』『인테리오라 레룸』지에 장 폴랑에 대한 첫 비평문들을 발표(1927).

1928~29 마리 그르니에와 결혼. 루이 기유와 함께 다니엘 알레비가 여는 '토요회'에 출입하다. 앙드레 말로, 장 게에노, 샴송을 만남.

1929~30 스페인 여행. 루르마랭의 로랑 비베르 재단에 기숙생으로 선발됨.「물루의 초상」(1929) 발표.

1930~31 알제로 떠남(1938년까지 체류). 철학반에서 학생 알베르 카뮈를 만나다.

「쿰 아파루에리트」「인도에 대하여」「차일드 해럴드」 발표 (1930).

1931~32 『쉬드』지 창간에 가담.

1932~33 고등 문과반에서 알베르 카뮈를 가르치다.

『섬』 Les îles 발표.

1934~35 '퐁티니에서의 10일'(폴 데자르댕이 1910년에 12세기의 유서 깊은 퐁티니 수도원에서 매년 10일간 개최하기 시작한 문학·철학·종교에 관한 저명 지식인들의 토론회)에 참가.

1935~36 지중해 아카데미의 국제회의에서 발표(1935년 11월).

쥘 르키에에 관한 박사학위논문 발표.

「루르마랭의 예지」(1936) 발표.

1936~37	에드몽 샤를로의 출판사 개업을 격려. 제9차 국제철학대회, 제2차 미학발표회 참가.
	『산타 크루즈, 기타 아프리카 풍경들』(1937) 출간.
1937~38	'퐁티니에서의 10일' 참가. 알제를 떠나다.
	『정통성 정신에 대한 논고』(1938) 출간.
1938~40	리세 미슐레(방브 소재) 근무. 군 위생병으로 소집당함. 드라기냥 근무. 마노스크 체류 중 장 지오노와 만남.
	「코르넬리우스에게 보내는 편지, 혹은 변신」 발표.
1940~41	몽펠리에로 가다. 그곳에서 고등 문과반 교사인 가브리엘 마르셀을 만남.
	『선택』(1941), 『지중해의 영감』(1941) 출간.
1941~42	시스트롱 체류.
1944~45	릴 대학교 정교수 임명.
	『코메디아』『에그지스탕스』 등의 잡지에 기고. 카뮈가 주관하는 『콩바』지에 예술평론 발표.
1945~50	이집트의 알렉산드리아에 있는 카이로 대학교에 파견근무. 에티앙블이 주관하는 『발뢰르』에 글을 발표. 장 폴랑이 주관하는 『레 카이에 드 라 플레이아드』에 기고.
	『자유의 선용에 대한 대화』(1948), 첫 『어휘사전』(1949) 출간.
1950~51	릴로 돌아오다.
	『우리시대 회화의 정신』(1951) 출간.
	『막스 자콥, 어떤 친구에게 보내는 편지』 출간.
	『모래톱』의 첫 단상들 집필 시작.
1952	『쥘 르키에 작품 전집』 출간.
1953	『N.R.F.』지에 몇몇 원고들 발표.
1954	'클럽 프랑세 뒤 리브르 총서'(뒤마 편)를 위한 첫 서문 기고.

1955	『인간적인 것에 대하여』『어휘사전』 출간. 『뢰유』 L'Oeil 지에 기고. 장 다니엘이 주관하는 『렉스프레스』 지에 정기적으로 기고.
1956	『도스토예프스키』『톨스토이』 서문 집필. 『뢰유』『렉스프레스』 지에 기고.
1957	『도(道)의 정신』『모래톱』(자전적 소설)『불행한 실존』『어느 개의 죽음』 출간.
1958	『니체』『루소』 서문 집필. 『프뢰브』 지에 정기적으로 기고.
1959	RTF 방송에 출연하여 수차에 걸쳐 강연. 『우리 시대의 회화에 대한 논고』 출간. 『섬』의 새로운 판본 출간(알베르 카뮈의 서문).
1960~61	『20세기』 지에 기고. 『앙드레 란스코이』『절대와 선택』(개정 3판) 출간.
1962	소르본 대학교에 미학 및 예술학 강좌 담당 교수로 임명됨. 『보레스』 출간, 『카뮈』 서문 집필(플레이아드 판).
1963	『17명의 비구상 화가들과의 대담』 출간.
1964	『일상적인 삶』을 위한 첫 에세이들을 집필.
1965	『거울 예찬』『기도』 출간, 「창조」에 대한 세 번째이자 마지막 논문 발표(N.R.F).
1966~67	스냥쿠르에 대한 두 편의 논문 발표.
1968	은퇴. 국가 문학 대상 수상. 『일상적인 삶』『스냥쿠르』『알베르 카뮈를 추억하며』 출간. 『라비슈』『르키에』 서문 집필.
1969	『루이 푸셰와의 대담』『신 어휘집』 출간.
1970	『예술과 그 문제들』『음악』『네 가지 기도』 출간.
1971	3월 5일 장 그르니에 사망. 『X의 내면 회고록』 출간.

1973	『나폴리를 보다』『몇몇 작가들에 대한 성찰』 출간.
1979	『자크』『장 지오노의 초상』 출간.
1980	『장 그르니에-조르주 페로스 서한집, 1950~1971』 출간.
1981	『카뮈-그르니에 서한집, 1932~1960』 출간.
1982	『어휘집』 최종판, 『글쓰기와 출판』 출간.
1983	『성 장스의 삶』, 부록: 앙드레 드 리쇼의 「성 장스의 이미지들」, 『사랑 도둑의 노래』(장 그르니에 옮김), 『기도』(오리지널 에디션), 『쥘 르키에의 철학』 출간.
1984	『장 그르니에-장 폴랑 서한집, 1925~1968』『정적주의에 관한 글들』 출간.
1985	『X의 내면 회고록』(개정판).
1986	『첫 이탈리아 여행』『루르마랭의 예지, 쿰 아파루에리트』(개정판)『빛과 어둠』(오리지널 에디션) 출간.
1987	『나의 소르본 지원』『대강』 출간.
1988	『마지막 페이지』『에티앙블-장 그르니에 서한집, 1945년 9월 13일~1971년 3월』 출간.
1990	자크 앙드레가 주관하는 『카이에』지 '장 그르니에 특집호'. 『17명의 비구상 화가들과의 대담』(개정판).
1991	『수첩 1944~1971』 출간.
1992	자크 앙드레가 주관하여 스리지에서 장 그르니에 연구 발표회. 『특별한 순간들』(발표논문집).
1994	『인도에 대하여』 출간.
1997	『점령 시대』(클레르 폴랑 편집) 출간.
2003	『알베르 카뮈, 장 그르니에, 루이 기유: 자전적 글쓰기와 작가수첩』(2001년 10월 5일과 6일. 루르마랭 성에서 개최된 '지중해의 만남' 논문집) 출간.

이른비 씨 뿌리는 시기에 내리는 비를 말하며, 마른 땅을 적시는 비처럼
인간의 정신과 마음을 풍요롭게 하는 책을 만듭니다.

지중해의 영감

1판 1쇄 발행일 2018년 6월 30일
1판 5쇄 발행일 2024년 4월 25일

지은이 장 그르니에 **옮긴이** 김화영 **펴낸이** 박희진
편집 안신영 **디자인** 안세영

펴낸곳 이른비 **출판등록** 제2020-000136호(2014. 9. 3)
주소 10517 경기도 고양시 덕양구 행신로 143번길 26, 1층
전화 031) 979-2996 **팩스** 031) 979-0311
전자우편 ireunbibooks@naver.com

ISBN 979-11-955523-7-5 03860

값 15,000원

• 잘못 만들어진 책은 구입하신 서점에서 바꿔드립니다.